発達障害のピアニストからの手紙

どうして、まわりとうまくいかないの?

野田あすか
野田福徳・恭子

できないことはたくさんあるけど、できることもたくさんあります。私はピアノで「私のこころ」をお話しします。

アスコム

1歳10カ月、母・恭子と。歩き出すのは他の子より遅かったのですが、特別気になることはない元気な子どもでした。

1歳3カ月。つかまり立ちを始めた頃。

2歳、大好きなお兄ちゃんと。お兄ちゃんはいつも私を守ってくれました。お兄ちゃんといると安心でした。

3歳。キーボードで遊ぶあすか。興味を持ったことには何時間も夢中になって遊んでいました。長所だと思っていたその「集中力」は、今思えば発達障害の特徴だったのかもしれません。

小学校入学前、おじいちゃんからもらったランドセル。小学校へ行くのを楽しみにしていたあすか。ごく普通の女の子でした。

小学2年生。6年生を送る会で、初めて伴奏をするあすか。曲は『おもいでのアルバム』。この写真の入っているアルバムには、母の文字で「私がみんなの伴奏を!」。

小学3年生。音楽教室では最初、エレクトーンを習っていました。発表会のアンサンブルの練習では、楽しくなって弾くのを忘れて踊り出し、みんなを驚かせたことも。同時に2つ以上のことをするのが苦手でした。

中学校入学。ピアノが上達するにつれ楽譜の音符が小さくなり、あすかの視力はどんどん悪くなっていきました。

子どもの頃からの夢だった宮崎大学教育文化学部に合格。しかしこの後、人間関係のストレスからたびたびパニックを起こすように……。

あすかの相棒「ぴあちゃん」。名前はもちろん大好きなピアノからとっています。

大好きな父・福徳と。この後、せっかく入学した宮崎大学を中退し、長期の入院生活を送ることになります。

宮日音楽コンクールでグランプリとともにいただいた「全日空ヨーロッパ賞」。副賞で母と訪れたウィーン。1年前にパニックを起こして、2階から飛び降り、右足粉砕骨折の後遺症で車椅子に。道中、母がずっと押してくれました。

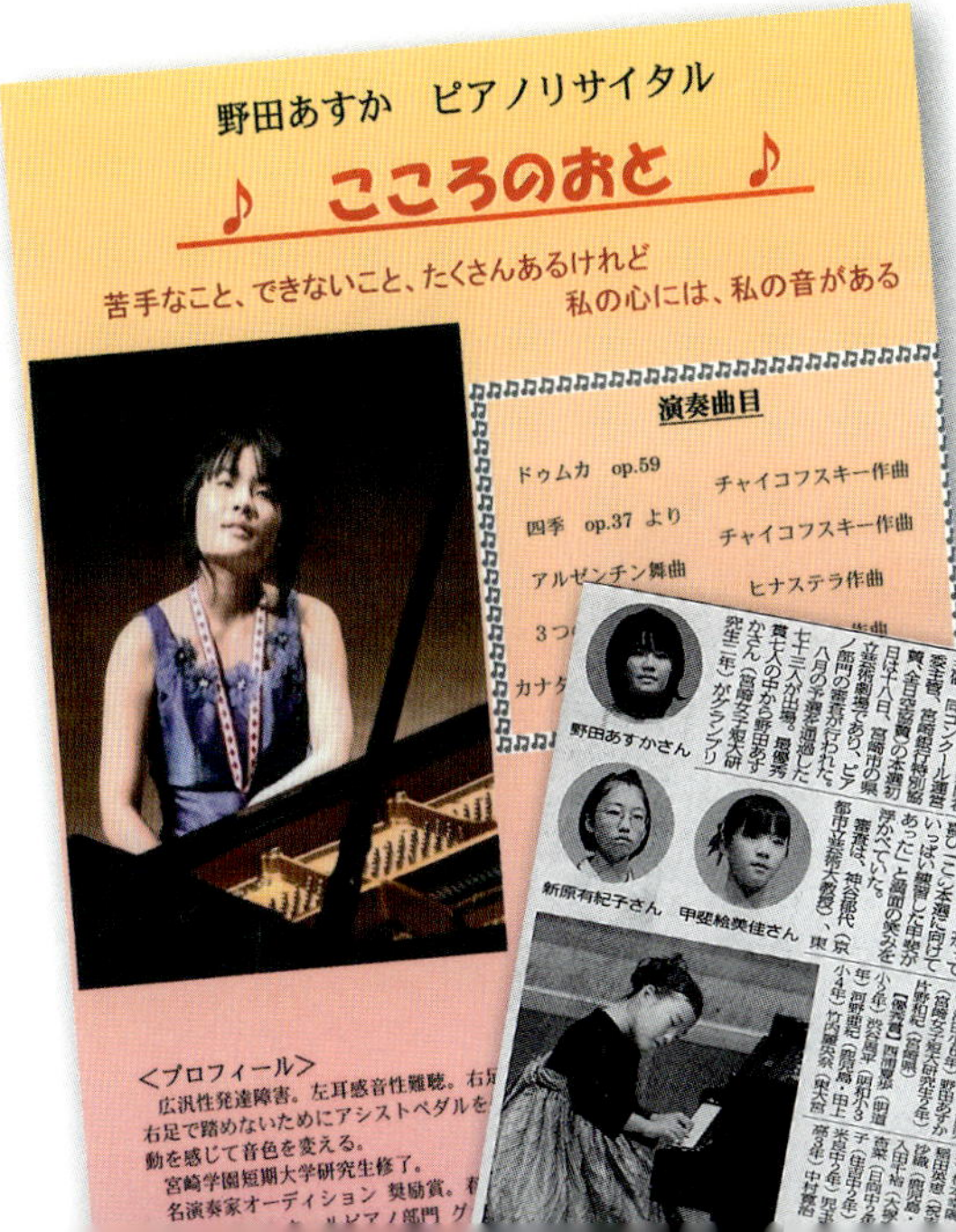

野田あすか　ピアノリサイタル

♪　こころのおと　♪

苦手なこと、できないこと、たくさんあるけれど
私の心には、私の音がある

演奏曲目

ドゥムカ　op.59　チャイコフスキー作曲
四季　op.37 より　チャイコフスキー作曲
アルゼンチン舞曲　ヒナステラ作曲

<プロフィール>
広汎性発達障害。左耳感音性難聴。右足で踏めないためにアシストペダルを…動を感じて音色を変える。

宮崎学園短期大学研究生修了。

名演奏家オーディション 奨励賞。…


29歳で初めてのピアノリサイタルに挑戦。チラシのデザインもプロフィールもあすかが自分でつくりました(左)。

野田さんグランプリ
ピアノ部門　最優秀賞に7人
みやぎんジュニア特別賞　ピアノ・甲斐さん　新原さん
第12回 宮日音楽コンクール

第十二回宮日音楽コンクール（宮崎日日新聞社主催、同コンクール運営委主管、宮崎銀行特別協賛、全日空協賛）の本選初日は十八日、宮崎市の県立芸術劇場であり、ピアノ部門の審査が行われた。八月の予選を通過した十三人が出場。最優秀賞七人の中から野田あすかさん（宮崎女子短大研究生二年）がグランプリに輝いた。また、みやぎんジュニア特別賞には、甲斐絵美佳さん（門川小五年）と新原有紀子さん（鹿児島・池田小六年）が選ばれた。

受賞の知らせを聞いた甲斐さんは跳び上がって喜び「この本選に向けていっぱい練習した甲斐があった」と満面の笑みを浮かべていた。

審査は、神谷郁代（京都市立芸術大教授）、東京… [illegible]

野田あすかさん
新原有紀子さん
甲斐絵美佳さん

24歳。長期入院から退院して挑戦した宮日音楽コンクールのピアノ部門でグランプリ。加えて、全出場者の中から1位のグランプリも受賞（下）。

いざステージへ。パニックを起こして右足を粉砕骨折した後遺症で杖は手放せません。でも杖が私をピアノまで連れて行ってくれます。

はじめに

あすかの心の叫び

父・野田《のだ》福徳《よしのり》

それは、初めて見る光景でした。

絶対にうまくいくはずがない、と当初は開催を反対していた娘・あすかのソロリサイタルでのできごとです。

無事、すべての曲を弾《ひ》き終えて舞台の袖《そで》にある楽屋前まで戻ってきたあすかが、恩師の田中幸子《たなかさちこ》先生を見つけてかけより、今日の演奏の感想をお聞きしていたときのことです。

妻の恭子《きょうこ》が感きわまったようすで、あすかに、

「田中先生と出会えてよかったね。いい先生にめぐり会えて本当によかったね」

と声をかけました。

すると突然、それまでにこにこしていたあすかが急に真顔《まがお》になってこう言いました。

「本当によかったよ！」

声が大きくなりました。

「自分の音楽も、人間も否定されてきて、やっと短大にきて、でも、長期履習生《りしゅうせい》ではやっぱりできなくて……」

気持ちがこみ上げてきたのか嗚咽《おえつ》をこらえ、大粒の涙をぽろぽろこぼしながら、こう続けたのです。

「音楽の勉強をするために音楽の大学に入ったのに、音楽も否定されて、人間も否定されて、学校を替わってもまた否定されて……」

あすかの口から、あすかの心の叫びが次から次へとあふれてきて止まらなくなりました。

「みんな、私のことを否定したけど、田中先生は否定しなかったから。私は私でいいんだって……、初めて先生が、音楽で私を救ってくれたから……。だから私は、すごくうれしくて……」

いつもにこにこしているあすかが、小さい頃からこんな思いを心にため込んでいたのか。こんな小さな体で耐えていたのか。もっと早く気づいてあげられなくてごめん。できることなら、あすかの子どもの頃に戻って、もう一度、今私たちが持っている知識と経験で、あすかの子育てをやり直したい……。あすかの言葉の一言一言が、私と妻の胸に突き刺さりました……（このときのようすは第2章でくわしくお話しします）。

　あすかには、広汎性発達障害《こうはんせいはったつしょうがい》という障害があります。（2013年、国際的な診断基準の改訂によって、「広汎性発達障害」に分類される障害のほとんどが、「自閉症スペクトラム障害」という診断名に統合されました。そのため、あすかの障害も現在、「自閉症スペクトラム障害」という診断名になっています。本書では、あすかの障害を、現時点で一般的に知られている広汎性発達障害で以下統一します。）それがわかってからしばらく、私たちはそのことを世間から隠そうとしていました。

　しかし、障害は隠しても現実的にどうにかなるものではありません。さんざん話し合って、私たちは結論を出しました。あすかの障害のことを公表し、その分、あすかのことを今まで以上に、全力で支えていくこと。

　そして、あすかの広汎性発達障害とはどういうものなのかをみなさんに知っていただき、できないことはたくさんあるけれど、できることもたくさんある、ということをご理解いただくこと。それが願いです。

　できないという「否定」だけではなく、こんなに優《すぐ》れているところもあるという「肯定」。これを知っていただくことが、冒頭のあすかの心の叫びに対する私たち親ができることだと思います。

本書では、私たちの後悔《こうかい》や失敗についても、できるだけ包み隠さず書きました。また、障害のある人はどのような気持ちでいるのか、何を考えているのかがわかるように、あすかにも「あすかの手紙」として思い出すかぎりのことを書いてもらいました。そこには、私たちも初めて知ることがたくさん記《しる》されていました。

同じ障害で悩む方々の少しでも参考にしていただければ、そして、このような障害があっても、一生懸命、頑張《がんば》って前向きに、生きようとしている人間がいることを知っていただければ、これ以上うれしいことはありません。

発達障害のピアニストからの手紙

どうして、まわりとうまくいかないの？

もくじ

第1章

なぜ、まわりの人とうまくいかないのか？

あすかの手紙

第2章

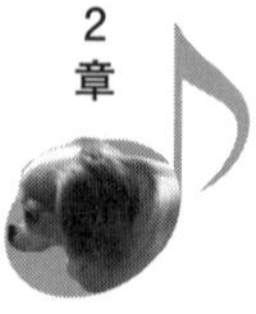

ピアノが教えてくれた「こころのおと」

第3章

くやしい気持ちを我慢していた子どもの頃

第4章

なぜ、パニックになるのか？

「いつもと同じ」は「安心サイクル」「いつもと違う」は「不安サイクル」

第5章

精神科に長期入院。原因は何なのか？

第6章

下された診断は「広汎性発達障害」

第7章

障害を隠しつづけるのか、公表すべきなのか？

第8章

ありのままの自分でいい

第9章

手紙〜小さいころの私へ〜

手紙～小さいころの私へ～　CD収録曲

1 **おもいやりの風**
作曲・演奏：野田あすか

2 **ふわふわ**
作曲・演奏：野田あすか

3 **3つの小品　FP.48　第3曲　トッカータ**
作曲：プーランク　演奏：野田あすか

4 **カッチーニのアヴェ・マリア**
作曲：不詳　編曲：野田あすか　演奏：primo田中幸子・secondo野田あすか

5 **アメージング・グレイス**
作曲：不詳　編曲：上田浩司　演奏：野田あすか

6 **愛燦燦**
作曲：小椋佳　編曲：鈴木奈美　演奏：野田あすか

7 **しあわせ運べるように**（ピアノソロバージョン）
作曲：臼井真　編曲：川上昌裕　演奏：野田あすか

8 **手紙**～小さいころの私へ～
作詞・作曲・演奏・歌：野田あすか

9 **生きるためのメロディ**
作詞・作曲・演奏・歌：野田あすか

10 **手紙**～小さいころの私へ～（カラピアノ）
作曲・演奏：野田あすか

11 **生きるためのメロディ**（カラピアノ）
作曲・演奏：野田あすか

録音：宮崎県立芸術劇場 アイザックスターンホール

JASRAC R-1540241

付属CDの曲解説

野田あすか

1　おもいやりの風

作曲・演奏：野田あすか

私が思うおもいやりは、人に話しかけることです。人に話しかける話は優《やさ》しい言葉もあれば、厳《きび》しく叱ったりすることもあります。だけど、厳しく叱ったりする言葉も私のために言ってくれている言葉だと思うので、それは全部おもいやりだって思います。

この曲は、そんなおもいやりの言葉がピアノの音になって、みんなにいっぱい広がるように『おもいやりの風』という題名にしました。

みなさんにいっぱい広がって、みんなのこころがあったかくなるように演奏をします。

2　ふわふわ

作曲・演奏：野田あすか

この曲は、『こころのおと～あすかのおしゃべりピアノ～』（UMK テレビ宮崎）というドキュメンタリー番組を撮影していたときにできました。音声さんが私に向けたマイクに、モコモコしたふわふわのカバーがついていて、見ていたらさわりたくなりました。気になるとさわりたくて仕方がなくなるのです。

私は雲のようにふわふわしたものが好きで、モコモコした雲を見つけると携帯で写真をとるほどです。

どうしてもさわりたくなって、マイクをさわらせてもらいました。「ふわふわだぁ」って言ったら、村上ディレクターが「じゃ今の気分を曲にしてみて」と言ったので、即興《そっきょう》で弾《ひ》いたのがこの『ふわふわ』です。

「ふわふわ」しているのと「うれしい気持ち」は似ていると思います。気持ちよかったなぁ、うれしかったなぁ、という思いをとっても短いですが曲にこめました。

3 3つの小品　FP.48 第3曲　トッカータ

作曲：プーランク　演奏：野田あすか

これは久しぶりに挑戦したコンクール、宮日《みやにち》音楽コンクールで弾いて、グランプリをいただいてびっくりした思い出の曲です。

フランスの作曲家プーランク（1899〜1963年）の作品で、テンポが速いのはもちろんですが、クルッ、クルッと曲の表情が一瞬にして変わるところが魅力です。かたいところから急にやわらかくなったり、その逆があったりして面白いし、そんな弾き方は得意です。

クルクルと場面展開する絵のように、ピアノの音が束のようになって進んだり、うずを巻いたりします。

それぞれの場面にふさわしい音を出すように演奏しました。

4 カッチーニのアヴェ・マリア

作曲：不詳　編曲：野田あすか
演奏：primo 田中幸子・secondo 野田あすか

カッチーニのアヴェ・マリアとなっていますが、現在ではその後の時代の作曲家がつくったのではないかといわれているそうです。メロディがきれいで気に入って弾くようになりました。

今回は田中幸子《さちこ》先生と弾こうと思ったのですが、連弾《れんだん》の楽譜《がくふ》がいくら検索しても見つかりません。田中先生にそのことを言うと「自分でつくってみたら」とあっさりおっしゃるので、ええっと驚いたのですが、私が連弾に編曲しました。

大学は専門分野を学ぶ前に中退しているので、作曲や編曲は独学です。入院生活が長かったので、その間にひとりで勉強しました。

まだまだな出来だとは思いますが、私に「あなたの音は素敵《すてき》よ。あなたは、あなたのままでいいのよ」と導いてくださった恩師の田中先生と、こころをこめて弾きました。

5 アメージング・グレイス

作曲：不詳　編曲：上田浩司　演奏：野田あすか

原曲はイギリスの牧師ジョン・ニュートンが作詞した賛美歌で、作曲者は不詳です。アイルランドやスコットランド民謡がもとになっているとか、いろんな説があって、アメリカで最も歌われている曲のひとつだそうです。

私はときどき教会にかよっているのですが、特別賛美でなにか弾いてください、と言われたときに弾いて喜んでいただき、それからコンサートでも演奏するようになりました。

この編曲は、リズムや和音がちょっとジャズっぽいところがあります。私はふだん、ジャズは苦手なのですが、この曲はなぜか得意で、弾いていてとても気持ちよくなります。

みなさんにも気持ちよくなってほしいなぁ、と思って弾きました。

6 愛燦燦

作曲：小椋佳　編曲：鈴木奈美　演奏：野田あすか

「歌謡界の女王」といわれた美空ひばりさんの代表曲のひとつで、小椋佳さんの作品です。この曲はお父さんが大好きなので弾くようになったのですが、ピアノの田中先生も気に入ってくれて、「この曲は、あなたにしか弾かせない」と言ってくださいます。「なんで？」と聞いたら「美空ひばりさんは声が楽器みたいな人だから、その声をピアノで出せるから素敵」とほめてくれました。

私はピアノで歌う（歌うようにピアノ演奏する）のが好きです。お父さんと同世代の人たちがにこにこしたり、涙ぐんだりするのを見ながら弾くのが好きです。

ピアノで歌っていると、私も涙が出そうになる曲です。

7 しあわせ運べるように（ピアノソロバージョン）

作曲：臼井真　編曲：川上昌裕
演奏：野田あすか

この曲は阪神淡路大震災があった年に小学校の音楽の先生がつくられて、神戸のみなさんが20年、大切に歌いついでいます。それをピアノソロに編曲したものです。

東北に大きな地震があったとき、私は地域生活支援センターにいました。テレビで「大津波警報」というのが流れて、利用者さん、スタッフさん、みんなが見ていました。

でも、私にはその意味がわかりませんでした。それから少しして映ったテレビの映像はとてもすごかった。そのあとで、この地震のこと、津波のことを知ったのです。

でも、私には何もできない。そう思っていました。

地震があって2年経《た》ったころ、『しあわせ運べるように』という曲の楽譜をもらう機会がありました。

この曲を、私はこう思って弾きました。

「私は何もできません。でも、顔は知らないけど、苦しんだり、悲しんだりしているみなさんの力になりたい!!」

「今まで、その方法は、わかりませんでした。でも私にも、音楽ならみなさんに伝えられます」

地震があった東北とは離れていて、地震があったことも知らなかった私ですが、将来が不安な人や、今苦しんでいる人が、私のピアノを聴《き》いてほっとして、「またがんばろう」「これからも生きていこう」と思ってもらえるように。そんな気持ちをこめて、精一杯、弾かせてもらいました。

この曲はもともと合唱曲で、歌詞の「亡くなった方々のぶんも、毎日を大切に生きてゆこう」のメロディのところでは、毎回、弾いていて涙が出そうになります。この曲をつくってくださった臼井真先生、ピアノ曲にしてくれた川上昌裕先生にこころより感謝します。

8 手紙 ～小さいころの私へ～

作詞・作曲・演奏・歌：野田あすか

この曲は今の私が、自分の小さい頃の私へ手紙を書いた言葉が、歌詞になっています。

小さい頃の私は、まわりに私を助けてくれる人がたくさんいたはずなのに、それも見えないふりをして、人を困らせるようなことをたくさんしました。でも、そのときには、自分が苦しくてどうしようもなかったりしたから、そういうことをしてしまったんだけど、今はピアノが近くにあって、ピアノが私を生かしてくれるって思います。

だから、小さい頃の私に「あなたには味方がちゃんといるんだよ。まわりを見たら、ちゃんとあなたを守ってくれる人がいるんだよ」っていう思いをいっぱい入れた歌です。

聴いてくれている人のなかにも、昔の私のように、できないことを必死にがんばって壊れそうな人がいると思います。そういう人たちが、この曲を聴いて元気になってくれるとうれしいです。

9 生きるためのメロディ

作詞・作曲・演奏・歌：野田あすか

この歌はひとりひとりが違うんだよ、ひとりひとりが違って、それでいいんだよ、っていうことを、音楽ができる過程にたとえて歌詞を書きました。

音楽は最初に音が生まれて、それにリズムがついて、そこにメロディがついてできます。でも、ひとりひとりの音は違うし、ひとりひとりのリズムは違うし、できるメロディも違います。

だからひとりひとりが違って、ひとりひとりの音楽も違う、そういうふうに個性を音楽のなかに込められるように、この曲を書きました。

音楽がひとつひとつ違って、たまに出来損ないの音楽があっても、あなたの音楽があるっていうことは、それが生きるっていうことだと思います。

「♪背伸びして みんなと同じになりたくて 自分につらくあたった日々♪」。そんな子どものときに思っていたことを正直に「あすかの手紙」に書きました。読んでください。

第１章

なぜ、まわりの人とうまくいかないのか？

あすかには、これでもかというほどたくさんの障害があります

父・野田福徳《よしのり》　母・野田恭子《きょうこ》

54ページの『生きるためのメロディ』は、あすかが自分で作詞・作曲した曲です（本書の付属CD9曲目に収録）。

この詞を読んだとき、さまざまな障害に苦しみながらも、ピアニストとして、なんとか前を向いて生きていこうとするあすかの健気《けなげ》な思いを初めて知りました。

あすかが音楽と共に生きようとしている。そんな覚悟が胸に迫ってきました。それは親にとって頼もしくもあり、なぜか切なくもあり、涙を禁じえませんでした。

あすかには広汎性発達障害《こうはんせいはったつしょうがい》、解離性障害《かいりせいしょうがい》という障害があります。それに、右足が不自由で杖《つえ》がなければ歩けませんし、ときには車椅子《いす》の助けを借りなければなりません。さらには左耳感音難聴《さじかんおんなんちょう》と、たくさんの障害のあるピアニストです。

広汎性発達障害は、知的発達の遅れをともなう場合とそうではない場合とがありますが、他人とのコミュニケーションがうまくできない、興味や関心の幅が狭く、特定のものにこだわる、などの特性がある生まれつきの障害です。

発達障害は、人によって症状は異なりますし、大人になってようやくそれと気づく人もいます。個性なのか、障害なのかを見きわめるのは、一般の人にとってはなかなか難《むずか》しいと思います。

２００４年に、あすかが20歳を過ぎて初めて広汎性発達障害と診断されるまで、私たち親は、あすかに障害があるとはまったく思ってもいませんでした。小学5年生の頃からの夢だった宮崎大学教育文化学部に合格したほど学校の成績も優秀でしたし、あすかのユニークな言動は、あすかの個性だとばかり思い込んでいました。

〈ちょっと変わってはいるけれど個性的な子〉

〈感受性が強くユニークな子〉

あすかがまだ幼い頃から、ずっとそう思っていたのです。

あすかの苦手なこと、できないこと

私たち親は当時気づけませんでしたが、今から振り返れば、あれは広汎性《こうはんせい》発達障害の典型的な行動だったのではと思うことがたくさんあります。

●相手の気持ちや場の空気が読めない
●言葉をそのままの意味で受け取ってしまう
●他人の表情や態度などの意味が理解できない
●興味のあることは何時間でも熱心に取り組む

あすかは、子どもの頃からこんなことがよくあったのです。

幼い頃からあすかは、人と話すときに相手の目を見ませんでした。

小学生のとき、眼科で斜視《しゃし》と診断されたため、私たちは単に、あすかは目が悪いから相手の目を見ないのだろうと思っていました。でも発達障害と診断されて、あすかが人の顔を見ても、それが誰なのかを認識できていなかったのだということが、初めてわかりました。

ふつうの人なら顔を見て誰かを識別するのが当たり前です。でも、あすかは相手の顔を見ても、それが誰かはわからないのです。幼い頃から相手の目を見なかったのはそのためだったのです。

今になって、思い当たることがあります。あすかが中学生のときに小学校の同窓会があったのですが、同窓会から帰ったあすかが「知っている子がひとりもいなかった。誰も知らなかった」とポツリとひとりごとを言って、ドキッとさせられたことがありました。

育ち盛りの時期ですから、同窓生たちは背丈《せたけ》も大きくなり、髪型も容姿も変わってきます。あすかは、人の顔を認識していないので、同窓会に来ていた友だちが誰なのかわからなかったのでしょう。

最近になってようやくわかったのですが、あすかは相手の声や足音、全体のイメージ、どんなシチュエーションで会ったかなどでその人が誰かを判断しているようです。

そのため、前にどこかで会った人と別な場所で再会したとき、相手が「あら、あすかちゃん」と言ってくれても、あすかは「知らない人が来た」とパニックになります。前に会ったことがある人でも、会う場所が違うと「まったく知らない人」になってしまうのです。誰と会ってもそうです。だからよく誤解されていました。

あすかと知り合いになった方が2度目に会ったとき、親しげに手を振ってきても、声を出してくれないと誰かわからないので、あすかは反応しません。そのため、ムッとされることがよくあります。

こんなことがありました。以前、お世話になったテレビ局のプロデューサーさんが近所のスーパーであすかを見かけたので、「あすかちゃん！」と声をかけてくれました。ところがあすかは、「こんにちは。さようなら」と言って、その人の顔も見ずに立ち去ってしまったそうなのです。

そのプロデューサーさんは、あっけにとられたそうですが、あすかは、以前その方とお会いしたのはテレビ局だったので、スーパーで声をかけられても誰だかわからず、知らない人にいきなり声をかけられた、とパニックになってその場から逃げるように立ち去ってしまったのです。

このようなことが小さい頃からたびたびあり、自己中心的だとか、この人は何を考えているかわからないといった印象を他人に与えてしまい、周囲の人たちからは変わった子だと思われていたのです。

もっと早く障害に気づいていれば……

あすかが発達障害と診断されたとき、しばらくはどうしていいかわかりませんでした。

というのも、発達障害は生まれながらの脳の機能障害が原因とされ、その原因をなくすことはできないとわかったからです。

私たち親が、あすかの発達障害に気づくのが遅れたために、あの子には多くの苦労をさせてしまいました。

もっと早くに気づいてあげられていれば、あすかもどれだけ違った人生になっていたことか、そういった後悔《こうかい》の気持ちはもちろんあります。

広汎性《こうはんせい》発達障害と診断された翌2005年に発達障害者《はったつしょうがいしゃ》支援法《しえんほう》が施行《しこう》され、行政の支援態勢が次第に整えられるようになっていき、発達障害に対する社会的関心は高まってきました。

今であれば早期発見、早期対応をして、特別支援教育を受けられる態勢が各自治体で整えられつつありますが、あすかが幼少だった90年代は、発達障害への認知度はまだ低く、私たちは二人とも、「発達障害」という言葉自体を知りませんでした。

いま書店に行けば、棚には発達障害に関する本がたくさん並んでいます。それらの本を読むと、わいてくるのは自分たちへの猛省の気持ちばかりです。

解離《かいり》を起こすと、自分をコントロールできなくなります

あすかのもうひとつの障害、解離性障害は自分が自分であるという感覚が失われている状態です。たとえば、ある出来事の記憶がすっぽり抜け落ちていたり、まるでカプセルのなかにいるような感覚がして現実感がない、いつの間にか自分の知らない場所にいるなど、さまざまな症状があるといわれています。

あすかは発達障害のために人とのコミュニケーションにストレスがかかるなど、何らかのストレスによって解離が起きてしまいます。このような解離性障害は発達障害から生じる二次障害のひとつといわれています。もちろん発達障害があっても早い時期に適切な支援があれば、二次障害を起こさないですむのです。

あすかの場合、自分がどうしたらいいのかわからなくなってパニックになると、解離を起こして自分がどこかにいってしまい、自分をコントロールすることができなくなって、

自らを傷つけます。あすか本人は「そのときの記憶はない」と言います。

解離をするとまったく意識がなくなってしまうので、外で解離の発作が起きたときに、あすかを見つけてくれた人にすぐ身元がわかるように、あすかはいつも障害者手帳を持ち歩いています。

右足の障害は、大学生のときに解離を起こしてパニックになり、家の2階から飛び降り、粉砕骨折《ふんさいこっせつ》したためです。そのせいであすかはピアノのペダルを踏めなくなりました。今は、左足で全部のペダルを踏めるよう工夫しています。

さらに数年前に突発性難聴《とっぱつせいなんちょう》になって、左耳の低音がほとんど聞こえなくなるという出来事がありました。今も、あすかの左耳は低音を聞き取ることができません。原因はいまだに不明です。

もちろんそれは、ピアノを弾《ひ》くときに影響をおよぼします。先生からは練習中、「左手だけ、なんだかすごくうるさいんだけど」と指摘されることがありました。それ以降あすかは、鍵盤《けんばん》の微妙な振動を感じ取りながら、右手と左手の力の入れ方のバランスをとっているようです。

あすかも、私たち両親も、地獄から立ち上がってきました

これでもかというくらいにいくつもの障害があり、何度もくじけたり、逃げ出したり、パニックになって自分を傷つけ入退院を繰り返しながら、それでもあすかは努力と感性で障害を乗り越えてきました。

私たち夫婦は、あすかが広汎性《こうはんせい》発達障害と診断されてから、この先、あすかをどうやって支えていけばいいのか、毎日のように深夜まで話し合いました。そして、胸の奥からこみあげてくるものに震《ふる》えながら誓《ちか》ったのです。

私たち親が先に死んでも、生まれつきの障害のあるあすかが、ひとりでちゃんと自立して生きていけるようになってほしい。そのために、できることはすべてやっていこうと。

そうして、私たち家族は地獄のような毎日から立ち上がりました。

あすかはまだ自分ひとりで生活していくことはできませんし、さまざまな面で手助けをしてあげることが必要です。

あすかは30歳を過ぎましたが、心は少女のように純粋で、飾りっ気がありません。ときどき父親にスキンシップを求めてきたり、今でもたまに幼児のように「抱っこして」と言ってきたりします。寝るときも、今でも父親の布団のなかで寝ています。あすかはひとりで眠るのが怖いのです。

最近になって、子どもと同じような生活をするのが、あすかにとっていちばん楽なことかもしれないと思うようになりました。子どもでいられる場所にいるときが、あすかは落ち着くようです。

あすかが書いた手紙を読んで、初めてわかったことがたくさんあります

この本を通して、あすかと同じように障害のある人はもちろん、障害のあるお子さんを見守っている親御《おやご》さんたちに、少しでも勇気と希望を持っていただけたらと願っています。

また、障害のない人たちにも、さらなる勇気と希望を持っていただけたらと願わずにはいられません。その思いで、親である私たち二人は、それぞれの思いを包み隠さず書きました。

あすかにも自分の思いを書いてもらいました。それを読んで初めて、あすかの気持ちを

知ったことがたくさんあります。この本では、あすかが書いた文章を「あすかの手紙」としてみなさんに読んでいただくことにしました。文章は稚拙《ちせつ》でも、心は素直に伝わると思います。

あすかの手紙

大学生になるまで、みんなと違うのは障害のせいだとわかりませんでした

小さい頃からみんなと違うとは思っていました。

どうして、みんなができることが自分だけできないんだろう。子どもの頃から、「くやしいよ」っていつも思っていたのです。

でも、それが「広汎性《こうはんせい》発達障害」という生まれつきの障害のせいだとは、大学生になるまでわかりませんでした。

それまでは、みんなも私と同じだと思っていたのです。それで、どうして自分はみんなと同じことができないのかがわからなくて、とても悩みました。運動も、お絵かきも草取りも、みんなと同じようにできないから、一緒に遊ぶ人がいるわけでもなくて、いつもひとりでフラフラしていました。

小学校のとき、学校から家に帰ってピアノを弾《ひ》いていると、お母さんからよく「もっとていねいな音で弾きなさい」とか、「もっと優《やさ》しい音で弾きなさい」とか言われていました。

そのときは、ピアノが私のこころを音にして出してくれていることに気がついてはいませんでしたが、今から思うと、それはたぶん、学校でいやなことがあって、こころがズキッとしていたから出た音なのだと思います。

人の顔を見ても、誰だかわかりません

私は、人の顔を見るのが苦手です。顔を見ても、その人が誰だか私にはわからないからです。

「誰にでも、わけへだてなく声をかけています」

小学校の通信簿にはそう書かれていました。誰が目の前にいるのかもわからなかったからです。

それに、私は、人とうまくお話しすることができません。その人が、どんな気持ちなのかがわからないからです。

みんなは、相手の言葉だけではなくて、表情やしぐさとかで相手の気持ちがわかるらしいのですが、私は相手の顔がわからないし、表情を読むことも、しぐさを読むこともできません。それで、みんなから笑われたり、ばかにされたり、相手を怒らせたり、困らせた

りしてしまいます。

そんなとき、みんなと同じことができないつらさから、嘘《うそ》をついて自分を傷つけたり、みんなと同じになりたくて背伸びしてパニックを起こして、自分では知らないうちに、まわりの人たちを傷つけたりもしてきました。

言われたことは、「その言葉のとおりに」守ります

小さい頃、親せきのおばさんにすごく怒られたことがあります。

おばさんとデパートに行ったときのことです。おばさんから「お手洗いに行くから荷物を見ててくれる？」と言われたので、私は「いいよ！」と言って、言われたことを守って見ていました。

おばさんが置いていった荷物を、誰かが持っていくのも見ていました。そしたら、おばさんが戻ってきて、荷物がなくなっているのに気がついて叱られたのです。

「なんで荷物を見ててくれなかったの！」

「ちゃんと見ていたよ。誰かが持っていくのもちゃんと見てたもん」

そう言ったら、おばさんにすごく怒られた。私は、おばさんに「見てて」と言われたから、

言われたことを守って「見ていた」だけなのに……。
いまだに何を怒られたのか、私にはわかりません。

叱られた理由は、わかりません

私は人から言われて、「うん、わかった。そうしよう」と決めたことは守ります。「とてもまじめです」。小学校の通信簿にいつもそう書かれていました。先生の言うことをたくさん守ったからです。

給食のとき、先生に「ごはんとおかず、お味噌汁を順番に食べなさい」と言われたので、ごはんを一口食べてはしを置き、おかずを一口食べてはしを置き、お味噌汁を一口食べてはしを置いて、またごはんに戻ってと三角形を描くように順番に食べていました。そしたら、先生に叱られてしまったのです。

「みんなもう食べ終わっているのに、あすかちゃん、なにやってるの！」

私はただ、先生が言ったとおりに「ごはん」「おかず」「お味噌汁」を一口ずつ順番に食べていただけなのに……。

どうして先生に叱られなければならなかったのか、いまでも私にはわかりません。

「おわり」と言ってくれないと、いつ「おわって」いいのかわかりません

小学校で緑の時間に「校庭の草をちゃんときれいに抜いてくださいね」と先生に言われたので、まじめに抜いていたのですが、いつの間にか、誰もいなくなっていました。そしたら、先生がさがしにきて、「あすかちゃん、なにしてるのっ！」と叱られたのです。

私がまじめに草を抜いている間に、チャイムが鳴って次の授業がもう始まっていて、「あすかちゃんがいない」と先生がさがしにきたそうです。

私は、先生から「きれいに草を抜いてください」と言われたから、まだ草がたくさん残っていたので、一生懸命に抜いていただけだったのです。

「先生が草をきれいに抜きなさいと言いました」

どうして叱られたのかが私にはわからなくて、先生にそう言いました。そしたら、

「それは、チャイムが鳴るまでよ！」と言われてしまって……。

私、先生に言ったのです。

「でも私、チャイムが鳴るまで、というのは聞いてないです」

本当に知りませんでした。私にとって「おわり！」の言葉は、とても大事。「おわり！」と言ってくれるまで、ずっとやってしまうからです。

みんなと同じ動きができなくて、体育は苦手でした

体育の時間でも、ぜんぜんみんなと同じ動きができなくて。「右向け右！」と言われて、私ひとりだけ左を向いていました。

行進もできなくて、「右！」と言われると、右足だけではなく、同じように右手も出てしまいます。

なので、右手と右足、左手と左足が同時に出る行進になってしまうのです。

運動はできませんでしたが、でも、マラソンは得意でした。

「スタートからゴールまで走ります」と先生に教えてもらい、みんなは途中で歩いて約束を破っていましたが、私は約束を守ってずっと走ったので速かったからです。

でも、ゴールしたら、いつもバターンと倒れていました。

道順を覚えるのに、草で目印をつけます

よく駅からおうちに「お宅のお子さん、また来ていますよ」と電話をされていました。

学校からまっすぐ歩けばおうちに着く。そう覚えていたのですが、こっちのまっすぐか、あっちのまっすぐかは覚えていなくて。

おうちとは逆の方のまっすぐに行って、駅によく着いて、駅長さんに「あすかちゃん、また来たの」と言われていたのです。

今でも、相変わらずの方向音痴《おんち》。

歩いていると目についたいろいろなものが気になって、そこに気を取られてしまうので、自分がどこをどう通ってきたのかがわからなくなって、迷子になってしまいます。

だから、どこかへ行くときは、道草をしながら草をつんで、わかりやすいところに結んで目印をつけています。

そうすると、自分がそこを通ったことがわかって安心できるからです。

みんな、どうして本に書いてあるとおりに答えてくれないの？

子どもの頃、私は「いい子」でいないといけないと思っていました。勉強も運動もほめられないから、本とかで出てくる優等生のセリフを覚えて使っていました。だから「ニセいい子」です。

道徳の教科書に、「困っている人がいたら助けましょう」というのがあって、たとえば「泣いている人がいたら、『どうしたの？』と声をかけましょう」と書いてありました。そうやって声をかけると「心配してくれて、ありがとう」とか、声をかけた相手から感謝の気持ちを返してもらえると書いてあったのです。

それで、自分は別に声をかけたくなくても、泣いている人がいたので、そのとおりに声をかけました。

「どうしたの？」

そうしたら、まったく違う答えが返ってきたのです。

「どうもしないよ、放っておいてくれ！」

そう言われて、本当に困りました。

そんな返事は教科書に載《の》っていなかったからです。本のなかでは、何度読んでも同じ答えが返ってくるのに、実際はそのお返事が返ってこない。どうしてみんな、本のとおりに答えを言ってくれないの？

自分が思っているのと違う答えが返ってくると、どうしていいかわからなくなって、パニックになってかたまってしまいます。本のとおりに答えてくれたら、私は困らないのに……。

小学校では「天然で賞」をもらいました

それでも、小学校のときは、パニックを起こして自分で自分を傷つけるということはありませんでした。

みんなと同じことができなくて、どうしてできないのかがわからなくて、とても困っていましたが、小学校の頃はただ、「自分はみんなと違う」とだけしか思っていませんでした。

小学校を卒業するときに、クラスでひとりひとり話し合って、「○○で賞」というのを考えて全員に賞状を渡すというのがあって、みんなは「やさしいで賞」とか「おもしろいで賞」とかだったのですが、私がもらったのは「天然で賞」。

意味はわかりませんでしたが、「天然記念物」っていう言葉は知っていました。それで、「なんだか、私すごい賞をもらったな、うれしい！」と思ったくらいです。

趣味は、「いろいろな音を音楽にして頭で流す」ことです

私には苦手なこと、できないことがたくさんありますが、得意なこともあります。

小学校のときの通知表は、音楽と算数と理科が5、国語は3くらいで、社会と美術と体育が2といった感じでした。

とくに音楽が好きで、鳥の声とか車の「ブッブー」という音とかを、ぜんぶ音楽にして頭で流すのが趣味でした。

たとえば、小学校から歩いて帰ってくるとき、田んぼにいるスズメが「チュンチュンチュン」と鳴いていて、そこにバイクが「ブーン」って走り過ぎていくと、「チュンチュンチュンブーン」と、音を頭で流して覚えて家に帰ります。そして、ピアノでそれを鳴らすのです。

それで自転車が来たときは「チャリンチャリン」という音と、「チュンチュン」というスズメの声がどういうふうに重なるのかと想像をふくらませて、「チュンチュンチャリンチャリン」とピアノで鳴らしてみたり。

お母さんから「学校から帰るときは、誰かと一緒に帰りなさい」と言われていたのですが、私はそれがしたかったから、誰とも一緒に帰りませんでした。

学校は楽しくなくて、本当は、おうちで本を読んだり、ピアノを弾《ひ》いているほうがよかったのです。それでも学校に行っていたのは、毎日、学校の帰りにいろいろな音を頭のなかで流して、家に帰ってピアノで鳴らすのが楽しかったからです。

お風呂に入るときは、それをメロディにして、ひとりで歌詞をつけてよく歌っていました。すると、お兄ちゃんがいつも外で聞いていて、「おまえ、なんだその歌は？」って言われて。私が「今日の車の歌だよ」と答えると、「なんだそれ」って言われていたのを覚えています。

お母さんの声が「ファ」から始まるときは機嫌《きげん》が悪いです

「あすかは、車が通り過ぎる音とか、クラクションを鳴らす音、家の掛時計のチャイムの音とか、聞こえる音はすべて『ドレミ』で説明できるんだね。すごいね」

お父さんに、そうほめられたとき、とてもうれしかったのを覚えています。

それで、得意になって言いました。

「時計のチャイムが半音下がっているから、もうすぐ電池を替えないといけないよ」

それからしばらく経《た》ったら、電池が切れて本当に時計が止まりました。お父さんが、

「あすかの言うとおりだったね」

とほめてくれたので、また得意になって、

「お母さんの声は、『ソ』から始まると機嫌がいいけど、『ファ』から始まると機嫌が悪いんだ」

と教えてあげたのです。

お父さんはとても驚いていましたが、自分ではどうしてなのかはわからないのですが、そういうことが本当に耳でわかっていました。

「私」と「私のこころ」の間には、いつもピアノがあります

みんなは、「いやなこと」があると「いやな気持ち」になると言います。でも私は、「いやなこと」があっても自分ではわかりません。

ふつうの人は、たとえば、「ばか」とか「あほ」とか言われたら、その場で、こころがズキッ

とするといいます。

でも私は、そんなことを言われてもニコニコしています。

相手がどんな気持ちなのかわからないし、自分がどう感じているのかもわからないから、ニコニコしているしかないのです。

本当は、なにかいやなことを言われたら、私のこころもその場でズキッとしているらしいのですが、自分のこころが傷ついていることすら、そのときの私にはわかりません。

そんなときにピアノを弾《ひ》くと、楽しい曲を悲しい音色《おんしょく》で弾いている私がいます。

その音色を聞いて、「私、今日はなんか、ズキッってしたのかなあ……？」と、初めて思います。自分が弾くピアノの音色を聞いて初めて「あ、私、いやな気持ちなんだ」とわかるのです。ピアノが自分の気持ちを教えてくれるのです。

それで、どうして悲しい気持ちになっているのかを知るために、次の日、通っている地域生活支援センターに電話して職員さんに聞きます。

「昨日、私、なにかイヤなことあったのかな？」

すると、センターの職員さんが教えてくれます。

「昨日、あすかちゃん、利用者さんからつかみかかられそうになって、私らがあわてて止めたじゃない」

「……？」

「覚えてないの？　あすかちゃんが利用者さんに『いつもニコニコしているからムカつく』って言われて、それでもあすかちゃん、ニコニコしていた。そしたら、その利用者さんが『だから、そういうのがムカつくんだよっ！』ってキレて、あすかちゃんにつかみかかろうとしたんだよ」

「……それってイヤなことだったの？」

「そうだよ。誰だって、あんなことをされたらこころが傷つくよ」

それでようやく、「そっかあ！　だから昨日のピアノは悲しい音だったんだ」と気がつきます。

今でもそうです。ピアノが悲しい音色や苦しい音色になっていると、センターに電話をして、自分にどんなことがあったのかを聞いています。

私のピアノで、みんながほっとしてくれるとうれしいです

つらいこと、苦しいことがいっぱいありましたが、それでも私がピアノを続けているのは、個人レッスンをしてくれている田中幸子《さちこ》先生が「あすかちゃんは、自分のこころを音

に出せるのね。それはとても素敵《すてき》なことよ。あすかちゃんは、ありのままのあすかちゃんでいいのよ」と言ってくれたからです。

そのとき初めて、私はピアノと友だちになれました。

私は私の気持ちを知らないけど、ピアノはいつも、私のこころをわかってくれて、私の「こころのおと」を出してくれます。

みんなと同じことができずに苦しいとき、ピアノが「きみのままでいいよ」って教えてくれて、いつも元気をくれるのです。

人と自分が違っても、それがきっと生きるということ。ピアノは、そう私に教えてくれるのです。

みんなから否定されて、誰も私の言うことは聞いてくれないけれど、ピアノなら聞いてくれる。だから、ピアノを聞いてくれる人に、私を伝えたい。

障害とかがなくても、将来が不安な人や、今苦しんでいる人が、私のピアノを聞いて、ほっとして「またがんばろう」「これからも生きていこう」と思ってもらえるような音を出せるようになること。

これが私の夢、私の願いです。

「生きるためのメロディ」

作詞・作曲・演奏・歌　野田あすか

きこえてくる
あなただけのメロディ　わたしだけのメロディ
こころに音が生まれたよ
キラキラ光る　それぞれの音
ひとつとして同じ音はない　ひとりひとりがもつ音

背伸びして　みんなと同じになりたくて
自分につらく　あたった日々
「くやしいよ」って　いつも思った
でも見つけたよ
自分にもある　すてきな大切な「こころの音」

生きるためのメロディ

こころに　リズムが生まれたよ
楽しくはずんでる　それぞれのリズム
ときにリズムは　私のこころを　あなたのこころを　あらわす
みんなと同じにできず　苦しかったとき
そんなときにきいた　こころのメロディ
「きみのままでいいよ」って　教えてくれたんだ
いつも元気をくれるよ　私だけのメロディ

こころにメロディが生まれた　きれいに流れる　自分のメロディ
みんなとは少し違うけど　私だけの音楽
この音楽を　大切にしよう
人と自分が　違っても
それがきっと　生きるということ

（本書の付属ＣＤ９曲目に収録）

「あなたは、あなたのままでいいのよ」と音楽で私を救ってくれた恩師・田中幸子先生と。田中先生は私を「否定」しませんでした。

第２章

ピアノが教えてくれた「こころのおと」

父・福徳

あすかの思いが届いた日

ついに、その日がやってきました。

ここでは、この本の冒頭でご紹介した、あすかのリサイタル当日のお話をします。この日は、あすかが障害に苦しみながらも、ここまで来られたという「集大成」の日でもありました。小さい頃から、どのような苦難にめぐりあってきたかについては、このあとの第3章でくわしくお話しいたします。

さて、リサイタルにお話を戻します。あすかがピアニストとして頑張《がんば》りたい、という気持ちは痛いほどわかるのですが、やはり克服《こくふく》しなければいけないものがたくさんあるので、無理なのではないかとも思っていました。

リサイタルを開かせてやりたい、自分たちもその姿を見てみたいという気持ちと同時に、本当にできるのだろうか、無理をさせないほうがいいのではないか、という思いがめぐりました。しかし、あすかの「どうしてもやりたい」という気持ちに押されて、リサイタルを開くことになったのです。そして、その日はやってきました。

２０１１年４月30日。宮崎市清武町《きよたけちょう》の清武文化会館半九《はんきゅう》ホールで、「野田あすかピアノリサイタル『こころのおと』」が開催されました。あすかにとっては、初めてのソロリサイタルです。

ゴールデンウイークの真っただ中にもかかわらず、当日は５００人を超える方々が、あすかのピアノを聴《き》くためにわざわざ足を運んでくださいました。

司会をしてくれたＵＭＫ テレビ宮崎の小西麻衣子《こにしまいこ》アナウンサー（当時）が、あすかを紹介します。

「あすかさんは、広汎性《こうはんせい》発達障害により、健常者《けんじょうしゃ》と同じように人とコミュニケーションをとることができません。また、長時間の演奏に耐えられないことから、これまでソロコンサートを開くことを断念してきました。しかし今回、よりたくさんの方に自分の演奏を聴いていただきたいと、思い切って難題《なんだい》に挑戦することにしたのです」

演奏するときはいつも、あすかは最初に、ほんの少しの間、目を閉じて瞑想《めいそう》をしてから弾《ひ》き始めます。

１曲目に弾いたプーランク作曲『３つの小品』は、あすかが解離性《かいりせい》障害、広汎性《こうはんせい》発達障害で入退院を繰り返し、一時期ピアノが弾けなかったつらい時期を乗り越えて、宮日《みやにち》音楽コンクールでグランプリを獲得《かくとく》した思い出の曲です（本書の付属CD3曲目に収録）。

私は、あすかの演奏自体よりも、わざわざ足を運んでいただいた観客のみなさんの聴いている姿を祈るような気持ちで、ずっとながめていました。

あすかのピアノの音は、みなさんの心に響いているだろうか。あすかの思いは「こころのおと」となって届いているだろうか。届いてほしい……。

お客さんたちはどの曲にも真剣な表情で聴いてくださっています。そして演奏が終わると、大きな拍手であすかの演奏を讃《たた》えてくれました。

ああ、あすかの音楽を聴いてくださる人が、思いを受け止めてくださる人が、こんなにもたくさんいる。つらいことがこれまでたくさんあったけれど、やっとこうして、あすかは自分のコンサートを開けるまでになったんだ。

あすか、本当によく頑張《がんば》ったね。そう思うと、目頭が熱くなるのを感じました。

あすかのピアノを理解してくれた田中先生

演奏を終えて舞台の袖《そで》に戻ってくるあすかを、「よくやった！」と一刻も早く抱きしめてやりたい。そんな気持ちをおさえながら、私は妻の恭子と一緒に楽屋の前で待っていました。そこにはあすかの恩師・田中幸子《さちこ》先生（当時宮崎学園短期大学教授、現在宮崎国際大学教授）も来てくれていました。

田中先生とは、あすかが解離性《かいりせい》障害で入退院を繰り返し、大学を中退せざるをえなかったときに出会いました。あすかのピアノの音色《おんしょく》を聞いて、あすかに「ありのままの自分でいい」と教えてくださった恩人です。

高校生の頃に習っていた片野郁子《かたのいくこ》先生は、それまでまったく賞とは無縁だったあすかを、どんどん賞がとれるようなピアニストに育ててくれました。

この曲はこう弾《ひ》くべき、といった音楽性を的確に再現すること。それが大切だという教えでした。音大などを目指す生徒が身につけなければならない技術を徹底的に教えられたのです。片野先生は、あすかにとってピアノの基礎を叩き込んでくださった恩人です。片野先生の厳《きび》しい指導があったからこそ、あすかはピアノの基礎がしっかり身についたと思います。

田中先生は、片野先生の後輩にあたる方なのですが、技術的に上手な演奏をするだけではなくて、自分の思いを音楽で表現することの大切さをあすかに教えてくれました。

あすかのピアノを聴《き》いているうちに、いい感性を持っていると感じてくださったのだと思います。そして、少しずつ少しずつ、あすかのいい部分を引き出していってくれたのです。

今回、準備期間があまりにも短かったため、田中先生は、当初ソロリサイタルをやることに反対でした。やるなら、じっくりと1年ぐらいかけて練習してからやるべきだと言っていました。

それでもあすかの熱意を受け止めて、ソロリサイタルに向けての練習を指導してくれたのです。

あすかは、2カ月という短期間で、身を削るようにして頑張《がんば》りました。そんなあすかを、田中先生はいつも励まし、一緒になってあすかの音楽をつくってくれました。

あすかの手紙

田中先生は私を「否定」しませんでした

私がピアノを精一杯がんばろうと思ったのは、大学を中退してしばらくして、田中幸子先生に個人レッスンをしてもらうようになったからです。

音楽を勉強するために大学に入ったのに、入院したり、退学したり、自分の音楽や人間性まで否定されることもあって、ふさぎこんだことも多かったのですが、田中先生は私を決して否定したりはしませんでした。

その頃は、解離性《かいりせい》障害で入退院を繰り返していたために、ろくにピアノの練習もしていませんでした。ピアノを弾《ひ》こうと思っても手が思うように動かなくて、昔のようには弾けなかったのです。

解離性障害の発作で2階から飛び降りて粉砕骨折《ふんさいこっせつ》をしたために、右足も動かなくなっていて、ピアノを弾くことに嫌気《いやけ》がさしていました。

でも、田中先生は、

「右足が動かないならば、左足で全部のペダルを踏む工夫をしなさい」

「ブランクがあって指が動かないんだったら、ゆっくりとした曲のなかのひとつひとつの音をどれだけ相手に伝えられるかを大事にしなさい」

こう言って私を勇気づけてくれたのです。

ピアノが私の「こころのおと」を出していたのです

高校生の頃、片野先生に習っているときは、コンクールの審査員の先生たちが納得する音を教えてもらって、それを出す練習をしていました。

でも、コンクールは緊張してしまうので、どうしても上手にできなくて、先生に怒られていました。

一緒にやっている友だちは、コンクールでもいつもどおり弾《ひ》いているのに、私は、手はいつもどおり動いているのに、音色《おんしょく》がいつも違っていて、先生に「今日の曲の音色が出てなかった」と言われていたのです。

どうしてみんなはできるのに、私は先生のところで出す音色がコンクールでは出せないのかな、といつも思っていました。

でも、田中先生はこう言ってくれたのです。

「あなたはすごく素直に、自分のそのときに思っている感情で弾くのですね。楽しい曲を弾くときでも、自分にそのとき悲しいことがあったら、悲しい音で弾くのね」

そう言ってもらって、「だから私はコンクールのとき、みんなと同じように、教えてもらったとおりの音で弾けなかったんだ」と初めてわかったのです。

ふつうの人なら、この曲のこの場面で、こういう音を出そうというのができるのに、私はそうではなくて、そのときの自分のこころをぜんぶ、そのまま音に出してしまうのだと、やっとわかりました。

「あなたはあなたのままでいい」という言葉は、救いの光のようでした

でも、それがいいことなのか、悪いことなのかが私にはわかりませんでした。

自分の気持ちがそのまま音に出てしまうのは、その曲の音を出さなければいけないコンクールだったら、あまりよくないことに思えたからです。

それで、田中先生に聞きました。

「自分の気持ちがそのまま音に出てしまうというのは、いいことなんですか、だめなこと

ですか？」

　すると、先生はこう言ってくれたのです。

「いいことか、だめなことかは、先生にはわかりません。その場、その場で違うと思います。でも、そんなあすかさんの音を、先生はきらいではありません」

　そして、こうも言ってくれました。

「あなたの音はいい音ね。あなたは、あなたの音のままでとても素敵《すてき》よ。あなたは、あなたのままでいいのよ！」

　それまでは、自分を否定したり、殺したり、だめだとあきらめたりすることしか考えられなかった私にとって、「私は私でいい」というのは、救いの光のような、すごくびっくりする考え方でした。


　最初は、私があまりに弾《ひ》けないので、かわいそうすぎてそう言うしかないのかなと思っていました。

　でも、あるときピアノを弾いていて、こう思ったのです。

「あれ？　なんか、前より自分の音が好きだな」

　よーく耳を澄ましたら、音が変わっていました。

その音は、前に習っていた片野先生の音ではなくて、私の「こころのおと」になっていたのです。

それで、初めてピアノと友だちになれたのです。

田中先生と会う前までは、音楽は好きでしたが、ピアノを好きだと思ったことはありませんでした。

ただ、お母さんやピアノの先生から言われて、ほかにすることもなかったから弾いていた、それだけでした。

父・福徳

楽屋の前であすかが言った「おめでとうッ!!」

あすかはお祝いの花束を抱えた田中先生を見つけるとかけより、まっすぐに先生の顔を見つめながら、ちょっぴり不安そうに聞きました。

「ありがとうございます。先生……成功ですか?」

初めてのソロリサイタルが成功だったかどうか、あすかは祈るような気持ちで、田中先生の言葉を待ちました。

「課題は残しましたけど……」

その言葉には、あすかのピアニストとしての成長を願う田中先生の凛《りん》とした響きがありました。

しかし、そう言い出した先生の目に、あすかの健気《けなげ》な頑張《がんば》りに胸を熱くしている思いがあふれて光っていました。

あすかがドキドキしているのがわかります。田中先生は、あすかに花束を渡しながら、あすかを慈《いつく》しむように見つめ、こうおっしゃったのです。

「1回目にしては上出来です。おめでとう！」

あすかの顔が一瞬にしてパッと明るくはじけました。先生にほめられて、あすかは晴れやかな顔で返事しました。

「おめでとうッ!!」

あすかのこの一言で、あすかの先生への感謝、そして頑張《がんば》った自分を誇りに思う気持ちが痛いほどわかりました。

田中先生とあすかのやりとりを見ながら、私は胸が詰まりました。


かたわらにいた妻の恭子があすかに言いました。

「田中先生と出会えて、本当によかったね」

そのときです。

あすかは、突然、きっぱりとした声でこう言ったのです。

「本当によかったよ！」

そう言ったとたん、これまでの思いが堰《せき》を切ったようにあふれ出したのでしょう、あすかは、はっきりとした声で思いの丈《たけ》をぶつけてきました。

「自分の音楽も、人間も否定されてきて、やっと短大にきて、でも、長期履習生《りしゅうせい》ではやっぱりできなくて……。音楽の勉強をするために音楽の大学に入ったのに、音楽も否定されて、人間も否定されて、学校を替わってもまた否定されて……」

そこまで言うと、あすかの目からぽろぽろと涙があふれ出しました。

涙がぽろぽろ、ぽろぽろ……

あすかは、それでも、どうしても言わなければならないと、言葉を続けました。

「みんな、私のことを否定したけど、田中先生は否定しなかったから。私は私でいいんだって……、初めて先生が、音楽で私を救ってくれたから……。だから私は、すごくうれしくて……」

田中先生の目から、とうとう涙があふれ出しました。

心の乱れをあすかに悟られまいというように、田中先生はあすかの手をギュッと握って、あすかに告げました。

「いろいろあったけど、これからも頑張《がんば》っていこうね！　いい生徒を持って、先生はしあわせです……！」

そう言って、言葉を詰まらせました。あすかは、ぽろぽろぽろぽろと涙をこぼしながら、やっとこう言いました。

「いい生徒じゃないけど……」

それが、自分を音楽で救ってくれた、そして自分に人間としての自信を持たせてくれた田中先生への、あすかの精一杯の感謝の言葉でした。

〈自分は先生が教えてくれるとおりにはなかなかうまく弾《ひ》けないけれども、これからも全力で頑張《がんば》る。だから、先生、よろしくお願いします〉

きちんと言葉にはできなかったけれど、あすかのこの思いは、そのままそっくり田中先生に届いたと思います。

そして、私たちにも……。

「これから頑張《がんば》らんとね」

あすかにそう声をかけた私の声は、きっと震《ふる》えていたと思います。恭子も泣いていました。涙をぽろぽろと流しながら、必死で思いの丈《たけ》をぶつけるあすかを前にして、この子はこの子なりに、いろんなことに耐えていたんだ、頑張《がんば》っていたんだ、絶対に無理だと思っていたリサイタルをやらせてよかった、と思いました。

あすかが大好きで、あすかがあすかでいられる音楽、ピアノを弾いていけるよう、これからもしっかりと支えていこう、そう決心したのです。

今回この本をつくるに当たって、そんな決心を後押ししてくれた田中幸子先生から手紙をいただきました。そこには、あすかをどう思い、どう教えてきたのか、先生の言葉がつづられていました。

田中先生からの手紙

私があすかさんと初めて会ったのは、彼女が宮崎大学をやめ、私が勤務していた宮崎学園短期大学音楽科に入学してきたときでした。

入学式のときから過呼吸《かこきゅう》で倒れて保健室に運ばれたり、ピアノのレッスン室の片隅で具合が悪くなってうずくまっていたり、廊下のソファーで寝ている人がいる、と言われたり……、びっくりすることがたくさんありました。幸いにも、学校には保育科や福祉専攻があって、先生には元看護師の方もいらしたりして、先生方が介抱《かいほう》をしてくれました。

障害のある方を教えた経験は今までありませんでしたが、障害のある人のお手伝いをしたいという思いが小さい頃からあったので、あすかさんのレッスンを引き受けました。

あすかさんに障害があるということは知っていますが、いざ音楽となれば、みな同じですから、あすかさんの障害を意識して教えたことは、一度もありません。

初めてのレッスンの日、指はぜんぜん動いていませんでした。あすかさんは長期の入院生活から退院した直後で、1年以上まったく弾《ひ》いていなかったそうなのです。それに、あすかさんは小柄でかわいらしい女性ですが、手も小さいのです。これはピアニストとしては、とても不利なことです。

「どうしたいの？」と聞くと、「コンクールに出たい、出たい」と言うではありませんか。これは正直に言って、ちょっと大変だな、と思いました。

ところが、何回かレッスンするうちに、とても音楽的に弾けるんだな、ということがわかってきました。いろいろと音楽的な要求をするとしっかりとついてくるし、すごいものを持っている。そして、とても努力家だということもわかってきました。

「どれくらい練習しているの？」と聞くと「寝ているときと、食事をしているときはできません」と言われて驚きました。

あすかさんは、パニックになって2階から飛び降りて右足を粉砕骨折《ふんさいこっせつ》してから、右足でピアノのペダルを踏めなくなりました。ピアノのペダルは3つあって、右から音を伸ばすペダル、いちばん左は弱音ペダルで音を小さくするペダル。真ん中は、おもに特定の音だけを伸ばすときに使います。ピアニストはそれを両足で巧《たく》みに踏んで、繊細な音をつくりあげていきます。あすかさんは左足しか使えないので、いちばん使う右のペダルに、アシストペダルを付けて、左足で踏んでいます。あとは手の指の力を加減して繊細な音を出してくるのです。左耳に低音の感音難聴《かんおんなんちょう》もあるのですから、ふつうならあのような音は出せないと思うのですが、努力と工夫で出してきます。

そして、これは音楽家には必要なことだと思いますが、自分自身に対してとても負けん気が強いのです。根性があります。絶対にうまくなりたい、絶対に人に伝えたい、という気持ちがとても強い人です。だから私に、できなくて悔しい、と泣いて言うこともありました。でも、それは素晴らしいことです。その芯の強さが今のあすかさんをつくっていると思うのです。

演奏や音色《おんしょく》は、「こうしたほうがいい」と言うと、ちゃんとその音を出してくれるので、ほかの子を教えるよりも楽だった部分もあるほどです。

ときどきレッスン中に、あすかさんの音を聞いていて、涙が出そうになるときがあるのです。あすかさんに「先生、泣いとるん？」と笑われます。あすかさんのピアノには人の心をつかむ、そんな力があります。

やがて最初は難《むずか》しいと思っていた、念願のコンクールにも挑戦するまでになりました。全国から挑戦者が集まるレベルの高い宮日《みやにち》音楽コンクールの決勝に出場したとき、私は会場にはいませんでした。見ているこちらが緊張するので、とても会場にはいられないのです。

結果がどうなっているか心配しているなか、あすかさんから電話が入りました。

「うわ〜ん、先生。まさか、グランプリを……」と大泣きです。私は「よかったね」と言ったあとは言葉が出ません。電話口で二人で泣きました。このことは、今でも忘れられません。

あすかさん、あなたはいろんな壁を努力と自分自身への負けん気で乗り越えてきました。これからもまた、新たな壁があらわれることでしょう。でも、あなたはそれを乗り越えてきたからこそ、今のあなたの音楽があるのだと思います。「ただピアノを弾いているだけのあすかさんから、自分の音楽を人に聴《き》いてもらえることが喜びに変わったあすかさん」になったのです。これはピアニストにとってとても大切なことだと思います。

これからも、聴く人の心に、安らぎや感動を与えることができるピアニストになってほしい、と心から願っています。

最後に、先生はあなたのピアノが大好きです。

田中先生の手紙を読み終えると、私はあすかと過ごした歳月を思い出していました。私の心は、あすかの幼い頃へ遡《さかのぼ》っていきました。

自作曲『手紙〜小さいころの私へ〜』の手書きスコア。子どもの頃の「いくら必死にがんばっても、みんなと同じようにできないくやしさ」を歌にしました。

第３章

くやしい気持ちを我慢していた子どもの頃

父・福徳

泣きながらやっていたピアノ

私は高速道路関係の会社に勤務しているサラリーマンで、3年に1度は転勤があり、結婚してからこれまでの転勤は15回以上におよびます。そのたびに引っ越しや単身赴任《ふにん》をしていました。あすかが幼い頃は、仕事がとくに忙しかった時期で、あすかの寝顔しか見られないという日がたくさんありました。

その頃、いちばんよく覚えているのは、あすかにピアノを教える妻がとにかく厳《きび》しかったということです。

私が出勤する前に、ジャーンとピアノの和音を聞かせて、それらが何の音か当てる練習を毎朝のようにやっていました。

「これは何の音?」

母親に言われて、あすかが何の和音かを答えます。

「そうじゃない!」

間違いだと言われて、半べそをかきながら、あすかが別の和音を答えます。

「違うでしょ！　わかるまで、これ、聴《き》いときなさい！」

こうやって、毎日、妻に叱られて、あすかはよく泣きながらピアノに向かっていました。

なぜそんなに妻が厳しいのか私にはわからず、

「何もそこまですることはないんじゃないか？」

そう言って、妻と口論することもしばしばでした。

もちろんあすかは、音楽やピアノは好きだったでしょう。でも当時は、「ピアノはやらないといけないもの」と思っていたはずです。

ちゃんとやらないと母親に怒られる。だからやるしかなかった。それが毎日の日課であり、習慣になって、ずっと続いていたと思います。

今のあすかがあるのは、そのときの妻の厳しい特訓のおかげと言うことはできます。

でも、今から考えると、あすかの精神的な負担はとても重く、あすか本人は苦しかったのではないかと思うのです。

母・恭子

あすかは、とくに心配することのない元気な赤ちゃんでした

あすかが生まれたのは、家族が広島市に住んでいた１９８２年1月27日のことです。場所は市内の病院の産婦人科でした。

生まれてきたあすかの体重は３４８０グラムと長男より１キロ以上も重く、生まれたときの泣き声もすごく大きくて元気でした。立派な女の子を授《さず》かったことがうれしくて、生まれたばかりのあすかの顔を見つめながら、健康で明るい子に育ってほしいと願いました。

女の子が生まれて、誰よりも喜んでいたのは夫でした。夫は3人兄弟の次男。男兄弟に囲まれて育ったからか、長男が生まれる前から私によくこう言っていました。

「もし僕たちに女の子が生まれたら、『あすか』っていう名前にするんだ」

「どうして？」

「『あすか』って、なんだか言葉の響きが、未来に広がっていくようなイメージがしない？」

「どんな漢字を書くの？」

「心の優《やさ》しい子に育ってほしいから、漢字じゃなくて、ひらがながいいな」

生まれたばかりのあすかを抱っこしながら、夫は穏《おだ》やかな笑顔を浮かべていました。

歩くのが遅くても、気にしていませんでした

今から思えば、あすかのようすが何かおかしいなと最初に感じたのは、1歳6カ月検診のときだったと思います。ふつうの子ならば1歳〜1歳3カ月くらいで歩けるようになるのですが、その頃のあすかは私と手をつないで歩くのがやっとの状態。ひとりで歩けるようになったのは1歳7カ月のときです。

「歩けないんですけど、何かおかしいですか?」

保健師さんにそう尋ねても、

「運動機能の発達が少し遅れているんでしょう。大丈夫だと思います」

そう言われました。その1カ月後には歩けるようになったので、私も何か問題があるなどとは思いませんでした。私の母も、「あなただって、歩いたのはかなり遅かったよ」と言うので、心配することもないかなと、その程度で片付けていたのです。

のちにあすかが発達障害だとわかったとき、主治医の先生からは「現在であれば歩くのが遅いということだけでも、発達障害の可能性を疑う」と言われました。

しかし、当時の私は発達障害ではないかと疑う発想や知識をまったく持ちあわせていなかったので、あすかがほかの子と比べて違うところや劣っているところが多少あっても、とくに気に留めることはなく、この子の個性だと思っていたのです。

おしゃべりや離乳食はほかの子と比べても早いほうで、歩き始めるのが遅かったこと以外、変わったことや心配したことはありませんでした。生まれてからしばらくアトピーがひどく、皮膚炎に悩みましたが、体は丈夫で、そのほかは健康状態に問題はなく、大きな病気もしていません。

長所だと思っていた「興味のあるものへの集中力」

幼い頃、あすかは大のお兄ちゃんっ子で、長男が何かやりたいと言えば「私もやりたい」と言うし、近所の友だちと遊ぶよりも、いつも長男についてまわって過ごしていました。

あすかが2歳のある日、鹿児島にいた私の姉が、「ピアノを買ったので、もういらなくなったから」と、姉の娘（あすかのいとこ）がそれまで使っていたオルガンを、広島の私の下へ送ってきてくれたのです。

長男とあすかは、そのオルガンがとても気に入って、私も一緒に、よく3人で遊びながら弾《ひ》いていました。それがあすかと音楽との最初の出会いです。

あの子にとって、お兄ちゃんは憧《あこが》れであり、少しでも追いつきたいという思いがいつもあったと思います。長男と一緒に遊び半分でオルガンを弾いているうちに、やがて長男を追い越してしまうほどうまくなり、得意気《とくいげ》に弾いていました。

手が器用だったので、幼稚園に入ると、鍵盤《けんばん》ハーモニカや笛などもやっていました。決して上手とはいえないけれど、自分の興味があることに対しては、飽きることなくずっと楽しそうにやりつづけるのです。それはこの子の長所だと思っていました。それが広汎《こうはん》性《せい》発達障害に見られる特徴のひとつだと知ったのは、長い年月を経《へ》たあとでした。

音楽教室では母親の私も一緒に、必死で勉強しました

「おかあさん、あすか、もっとじょうずになりたい」

4歳になると、あすかは音楽教室に通いたいと私に言いました。

当時住んでいた広島の家の近くに、エレクトーンのグループレッスンをする教室がありました。そこの教室の乳幼児コースに入って3カ月間学び、その後、夫の転勤で福井へ引っ

越してからも、同じ系列の教室に転校しました。

教室は1週間に1度だけなので、親も子どもと一緒に勉強して、毎週与えられた課題を、家でしっかり練習できるよう指導するというのがその教室の方針でした。

「ここまでを次回までにマスターしてきてください。1日練習を休むと、取り返すのに3日もかかってしまいます。ですから、お母さんも家でお子さんに教えられるように、しっかりと勉強してくださいね」

先生にそう言われて、私も必死でした。

エリート候補生が入る専門コースに合格したあすかは、誇りでした

今から思えば、あすかにはかなりきつく当たっていたと思います。私の姉の娘もピアノをやっていて、すごく優秀でした。だから、「どうしてあなたはできないの?」と、姉の娘とあすかをついつい比べてしまって……。

負けたくない一心の私は一生懸命でした。でも、あすかもすごく頑張《がんば》っていました。

私は簡単な楽譜《がくふ》が読める程度でしたが、グループレッスンですし、自分の子どもができないとほかの子たちに迷惑をかけてしまいますから、毎日、家では厳《きび》しく指導しました。あすかは、先生に言われたことをきちんとやろう、みんなについていこうと努力はすごくするのですが、楽譜を読むとか、言われたとおりにリズムを刻《きざ》むことがとても苦手でした。私が教えるだけではついていけないので、よく先生にお手本を弾《ひ》いてもらって録音し、家でそれを聴《き》きながら楽譜と音とリズムのにらめっこをしたりしました。

その甲斐《かい》あってか、小1のとき、受かるのが難《むずか》しいといわれている専門コースに合格したのです。

専門コースというのは、エレクトーンのグループレッスンで、演奏だけではなく作曲なども学ぶ、教室のなかでは将来、音大を目指すような子どもたちのためのコースです。

乳幼児クラスにいた約15人の生徒のなかで、専門コースに受かったのは、あすかと数名だけでした。難関《なんかん》のコースに受かったあすかを、私は誇らしく思ったものです。

お祝いにアップライトのピアノを買い、あすかはその頃から本格的にピアノを始めました。

まわりについていけないわが子に、母親の私があせっていました

夫の転勤のため、1年半過ごした福井を離れて、宮崎県小林市に引っ越したのは、小1の2学期が始まる前でした。

私は、若い頃に管理栄養士をしていましたが、結婚後しばらくは専業主婦でした。ところが小林市に越してからは、市内の高校の教諭として子どもたちに栄養学や食品学を教えるようになり、夫と共働きになりました。

専業主婦から40歳でいきなり教員を始めるのは、並大抵《なみたいてい》のことではありません。それまで専業主婦だった私にとって、仕事はとてもハードなものでした。覚えなければならないことも多く、そのために深夜まで勉強もしなければなりません。あすかの世話をしながら、社会人として、また働く女性としてプライドを持って仕事をしていこうと必死でした。

必然的に、あすかと一緒にいる時間は少なくなりました。あすかが朝、学校に出かける前に家を出ることもあり、夜も、学校が終わってすぐに帰宅というわけにはいきません。転勤族で近所に相談できる人もなく、ひとりでキリキリしているつらい時期でした。

やっていけるのだろうか

小林市への転居に合わせて、音楽教室も転校することになりました。

転校先の教室は、小林市内の自宅から電車で1時間半もかかる都城《みやこのじょう》市内にしかなく、そこまで通わなければならなくなりました。

車の免許は持っていましたけれども、当時の私はペーパードライバーで、自分で車をすいすいと運転してあすかを送迎するというわけにはいきませんでした。

そこで、週に1度の平日に行われるレッスン日には、勤務が終わると、急いで帰ってきて、あすかを1時間に1本しかない電車に乗せるのが私の役目でした。その電車に乗れなければレッスンを受けられなくなってしまうので、とにかくその電車に間に合うように、ときにはランドセルを私が抱えて、駅のホームに滑《すべ》り込むように一緒に走ったこともあります。

レッスンは、専門コースのグループレッスンが1時間半、個人のピアノレッスンが30分の計2時間。私もあすかの横に座って、先生が教えてくれた内容を一緒に勉強します。

ただ、前の福井の教室と比べて、そこの教室のレベルは非常に高く、指導法も異なっていたため、あすかはかなり戸惑い、ついていくのがさらに大変になったのです。

まわりの生徒のレベルも高く、あすかと比べると極端な差がありました。

はたしてこのなかでやっていけるのだろうか、とにかく練習をさせないとこの子はついていけなくなってしまう……。

次第に不安が募《つの》ってきて、ますますあすかに厳《きび》しくしました。

あすかの視力は、どんどん悪くなっていきました

もうひとつ、当時心配だったのは、あすかの視力のことです。

あすかは幼い頃から、人と話すときに相手の目を見ないのです。私はよく、「人と話すときは相手の目を見なさい」と叱っていました。

何度言っても直らないので心配になり、眼科に連れていくと、「斜視《しゃし》」と診断されたのです。なんとかしてあげたいという一心で、斜視や近眼を矯正《きょうせい》するための高額な機器を購入したこともありました。

専門コースに受かった小1のあるときから、楽譜《がくふ》はどんどん小さくなっていきました。

1ページに2段が4段、6段になり、8段になるにつれ、音符はさらに小さくなっていきます。音符の大きさに合わせるように視力はどんどん悪くなっていき、小学校低学年の頃には、牛乳瓶《びん》の底みたいなぶ厚いレンズのめがねをかけなくてはならなくなりました。

このままずっとピアノを続けていったら、もっと目が悪くなって、しまいには目が見えなくなってしまうのではないか、そうなったらどうしよう……。

そんな不安が襲《おそ》ってきました。

転勤族、核家族なので、子育ての悩みを気軽に打ち明けたり、相談したりできる身内や友人もいなかった私は、当時、そのような不安を心のなかにたくさん抱えていたのです。

今思えば、それらを振り払うため、あすかに厳《きび》しく当たっていたということも、あったかもしれません。

あすかの手紙

いとこと比べられて、とても苦しかったです

お母さんのレッスンは、いつもこわかったです。

和音のお勉強のとき、調が変わるとぜんぶ変わるのがわからなくて、毎日、お母さんに怒られました。お母さんから怒鳴《どな》られると、頭がヘンになってもっとわからなくなって、よく泣いていました。

お母さんに、お兄ちゃんやいとこと比べられて、自分はすごく劣っているのかなと思って、とても苦しかったです。

個人レッスンが始まる前、先生が来るのを待っている時間は、ピアノの下にいつもいて、先生が来て、「始めます」と言われて、ピアノの下から出てきてピアノを弾《ひ》いていました。お母さんからは、「そんなところに入らないの。きたない！」と、いつも言われていましたが、どうしてもそこにいないと、ピアノのレッスンは始まりませんでした。そこにいて、それから始めるのがいちばん落ち着いたからです。

ピアノの先生の言うことは、外国の言葉みたいで、よくわかりませんでした。

グループレッスンのときは、みんながいて、お手本を弾いてもらえないから、みんなはできているのに、私ひとりだけ弾けていなくて、怒られはしないのですが、「なんで、あすかちゃん、弾けてないの？」とよく言われていました。

個人レッスンでは、いつも新しい曲は、先生が弾いてくれるのをカセットに録音して家に持ち帰っていました。

でも、みんなより教科書1冊くらい遅かったので、グループレッスンのときに「この曲は、みんなが個人レッスンでしているピアノの3巻の何ページに出てきているリズムよね」と言われても、自分はまだ2巻までしかやっていなくて、「3巻？」みたいな感じで、ぜんぜんわかりませんでした。

専門コースでは、1年に1曲、作曲をしないといけませんでした。でも、私だけつくれていなくて、小さい部屋に入れられて、先生がほかのクラスのレッスンしている間に「曲をつくっておきなさい」と言われて、とてもつらかったです。

同時に二つのことをやるのは苦手です

でも、楽しいこともいっぱいありました。

グループレッスンで５人でアンサンブルを弾《ひ》いたときのことです。みんなで「せいのっ！」で音楽を弾くのですが、すごく楽しい音楽で、私も弾かなければいけなかったのに、るんるん楽しくなってひとりだけノリノリで、弾くのを忘れて踊り出してしまいました。

私は同時に何かをやるのが苦手なので、楽しくなってしまうとピアノのことを忘れてしまうのです。あんまり楽しくて、気がついたときには、壁と椅子《いす》の間におしりがズボッと入って、そのまま動けなくなってしまいました。

それを見ていたお母さんはあっけにとられていました。クラスの友だちもみんな見ていて、「あすかちゃん、何やってんの？」と聞かれたので、「いや、うれしくなっちゃったんだよ」と答えました。本当にうれしかったからです。

そんな感じでしたから、いつもアンサンブルのメロディは弾かせてもらえない劣等生でした。

母・恭子

人の目を、気にしていました

私があすかに厳《きび》しくピアノを教えるのを見て、夫からいつも「もっと優《やさ》しく教えてあげられないのか」と言われていました。でも、私は必死だったのです。当時はあすかを健《けん》常者《じょうしゃ》だと思っていましたし、少しでもほかの子どもと比べてできないことがあれば、負けたくない一心で口うるさくあすかを指導していました。

福井から引っ越してきたとき、都城《みやこのじょう》の専門コースの生徒5人がとにかく優秀で、あすかとは天と地ほどの差がありました。

５人についていくためには、練習しかありません。今になって思えば、天と地ほどの差のなかでもがくより、もっとあすかの個性を伸ばすやり方をしてあげればよかったと思いますが、そのときは人の目を気にして、まわりに何とか追いつかないと大変だと、私はそればかりを考えていたのです。

教えたくても、教えられなくなりました

自分で作曲した曲を仕上げたり、発表会で披露《ひろう》する曲を練習したりと、小学校高学年になっていくにつれて、レッスンはどんどん難《むずか》しくなっていきます。

いくら子どもが続けたいと言っても、レベルが上がって親が続けられなくなると、子どももやめていきます。そうして一人、二人とやめていきました。

ふとまわりを見回すと、残っている生徒の親はどこかの学校の音楽の先生といった生徒ばかりです。

週1度とはいえ、家から1時間半も離れた教室に通い、娘と一緒に難しいレッスンを習い、それを家でも教えるというのは、仕事をしている私にとってはかなりハードです。また音楽的なレベルもどんどん高くなるので、次第に私もついていけなくなりました。あすかに教えたくても教えられなくなっていったのです。

あすかに、もうやめようかと尋ねたこともあります。でも、あすかは劣等生ながらも、やめたいと口にしたことは一度もなく、ただ与えられた課題をきっちりやるために頑張《がんば》っ

ていました。

結局、専門コースでの成績がよくなかったため、上級クラスに上がることができず小4までで終わりとなり、小5からはピアノの個人レッスンのみになりました。

そのときに出会ったのが、宮崎大学教育学部特別音楽課程科の又木《またき》朋子《ともこ》先生でした。そしてあすかは、宮崎大学特音科への進学が将来の夢になったのです。

気になったものがあると、さわりたくて仕方なくなります。録音用のマイクが気になってさわらせてもらいました。

第４章

なぜ、パニックになるのか？

「いつもと同じ」は「安心サイクル」
「いつもと違う」は「不安サイクル」

あすかの手紙

「私はほかの人たちとは違う人なんだ」と自分に言い聞かせていました

高1のとき、いじめにあいました。それでもがんばって学校に行きました。でも、人の足音もこわいし、人がうじゃうじゃいるのを見るのがこわくて、トイレにかけこみました。教室に戻れば、人がうじゃうじゃいるのを見なければなりません。それがどうしようもなくいやで、気持ち悪くなってパニックになってしまったのです。

「だったら、見えなくすればいいんだ」

ハードコンタクトレンズを割ってやろうと、トイレのドアに思いっきり目をぶつけました。右目のコンタクトが割れて、それから半年間、眼帯をしていました。

それでも左目が見えるのがいやでたまらなくて、学校に行けなくなってしまったのです。

お母さんからも、学校からも、クラスの友だちからも、「なんでうまくやれないの？」「どうしてそんなことするの？」と言われて、理由なんかないのに、どうしてっていう理由をつくるために、嘘《うそ》をつくしかありませんでした。本当のことを言おうとしても、どうしてそんなことをしたのか、自分でもわからなかったからです。

それで、「私はほかの人たちとは違う人なんだ」と自分で自分に言い聞かせていました。

みんなと同じことができなくて、たまにできてもうまくいかなくて、いじめられたり、否定されたりするたびに、とてもくやしくて……。自分でもどうしていいかわからず、よくパニックを起こしていました。

母・恭子

「自慢の娘」が自傷《じしょう》を始めたきっかけは「環境の変化」

小学校、中学校は1日も休まず、あすかは皆勤賞《かいきんしょう》でした。

一言で言えばまじめな優等生。先生に言われたことはきちんとしますし、学校の成績もよく、先生からの評価も高かったのです。学校は楽しそうでしたし、毎日ピアノの練習を頑張《がんば》っていました。

中学校から、あすかは放送部に入部しました。あすかは原稿を読むアナウンスがとても上手で、高校では九州大会で3位になったこともあるほどです。それに、作文も表現が豊かで、表彰されたことが何度もあります。

自分の娘がみんなの前で表彰される姿を見るのは、とてもうれしいものです。

中学生の頃のあすかは、私にとって自慢の娘でした。

あすかが中2になると、わが家は小林市から、宮崎市内の現在の自宅へと引っ越しました。夫は単身赴任《ふにん》で東京へ行き、長男は佐賀県内の全寮制の高校へ進学したため、あすかと私の二人暮らしになりました。

小林市内で高校教諭をしていた私の通勤時間は5分くらいだったのですが、自宅が宮崎市内に移ると、片道1時間半もかかるようになってしまったのです。そのため、朝はあすかが学校へ行くよりも先に、私が出勤するようになりました。

あすかが自傷《じしょう》を始めたのは、その頃からです。

発達障害とわかった今から思えば、当時、それまでの環境が大きく変わって、あすかは、それを受け入れることができずに強いストレスを感じていたのでしょう。

あすかは、「ある決まったパターンを繰り返さないと不安になる」、ということに私が気がついたのは最近になってからのことです。小さい頃は個性だと思っていました。

私はいつも朝7時くらいに家を出て、勤務先の学校に行くのですが、たまに仕事の都合で、午前中、家にいることがありました。そうすると、それが、あすかには不安なようなのです。

お母さんはいつも7時に出るものだと思っていて、私がその時間になっても家にいると不安そうになって、落ち着かなくなります。決められたパターンが崩れると、居心地《いごこち》が悪いということに、最近になってようやく気がつきました。

あすかの手紙

私は「まわりが変わること」がきらいです

私が本当にいちばんつらかった時期は、高校時代でも大学、入院生活でもありません。たぶん、小学5年生から高校1年生の間です。

どうして「たぶん」なのかというと、その頃の記憶がないからです。きっと、毎日ただ起きて、学校へ行って、家に帰って、その繰り返しだけで精一杯だったのだと思います。

どうしてこの時期、そんなにつらかったのかを考えてみると、この時期は、変わらないはずだったものが、めまぐるしいほど変化してしまったからです。

私はまわりが変わることがきらいです。

私は、いつもと違うことをしたり、その場所がいつもと違っているとこわくて、落ち着かなくなってしまいます。

お父さんが帰ってくるのが急に遅くなったり、お母さんが仕事を始めたり、幼稚園に行ったり、小学校に上がったり、転校したり、いろんな変化は、私にとっては大変なことでした。

でも、そのなかで、お兄ちゃんだけは変わりなくそばにいてくれたのです。

お兄ちゃんは、〝わからんぼー〟で、お母さんやお父さんに怒られたり、悪いことをして学校に呼び出されたりすることが多かったのですが、私は、お兄ちゃんと集団登校で一緒に学校に行って、家に帰ってくる、それだけが変わらなくて安心だったのです。

生まれたときから、私はお兄ちゃんと一緒で、自分の友だちはいませんでしたが、お兄ちゃんの友だちとはよく遊んでいました。

小さい頃から、お兄ちゃんはいつも私を守ってくれました。

小学校でも、お兄ちゃんは離れたところから私を見ていて、すべり台の順番を抜かされたときも、みんなに「次はあすかの番だよ」と言ってくれました。

私のなかで、「お兄ちゃんと一緒なこと」は、生まれた頃からずっと変化がなかったことだったのです。

私には「安心サイクル」があります

私は変化しないものに、いつも頼っている。いつも学校から帰って、ピアノを弾《ひ》いて、ごはんを食べて、お風呂に入って、宿題して寝る。それが安心サイクル。

いつもと違うと不安サイクル。

昔の私にとって、変化のないはずのものは家族だった。いつも一緒だったから。でも、家族にいろいろなことがあって、環境がすごく変わってしまった。

不安で、逃げ出したくて、いつも雲をながめていた。

お兄ちゃんがいなくなって、どうしていいかわからなくなりました

2つ半離れているので、お兄ちゃんは私が小学5年生のときに中学生になって、それまで一緒に学校に行っていたのに、登校班にお兄ちゃんはいなくなりました。

家を出る時間も、家に帰ってくる時間も違うし、お兄ちゃんと一緒にいる時間が少なくなりました。

それに、この時期、お兄ちゃんは「反抗期」とかで、お母さんにつらく当たっていました。私には、そこまでつらく当たってはきませんでしたが、家でもあまり話さなくなってしまったのです。

小学1〜4年生のときは、一緒のクラスにいるわけでも、会えるわけでもなかったので

すが、何かあっても「ここの学校には私のお兄ちゃんがいるんだもん!」で、こころの整理ができていたのです。

でも、小学5年生からは学校に行ってもお兄ちゃんがいなかったから、何かあるとこころの整理がつかなくて、たぶん、いっぱい、いっぱいで生活していたと思います。私はパニックになると、暴れてしまうときもあるのですが、小さいときはかたまることが多くて、たぶん、自分なりに静かに耐えていたのだと思います。

「変化しないはずのものが変化する」とパニックになってしまいます

私が中1のとき、お兄ちゃんは中3で、またお兄ちゃんと同じ学校に行けるようになりました。

中学に上がるとき、授業の仕方が変わることから、その変化についていけなくて、とてもつらかった。でも、「お兄ちゃんがいっしょ!」という自信が、私を支えていた気がします。

この頃のことは本当に覚えていないのですが、ひとつだけ、覚えていることがあります。

中学で私は放送部に入っていたので、運動会で開会式のアナウンスをすることになったのです。本当は3年生がするのですが、「どうしてもみんなと合わせて行進ができないから！」と頼んでやらせてもらったのです。

国旗掲揚《こっきけいよう》のアナウンスで、

「みなさま、ご起立脱帽の上、国旗にご注目ください」

そう言わなければいけないのに、漢字が苦手なので、練習の間中、「ごきりつだつぼうのうえ……」と読んでいました。

でも、誰も注意してくれなかったのです。あとで聞いたら、みんな、笑いをこらえていたそうです。

そうしたら、運動会の前の日、お兄ちゃんが、

「あすか、ごきりつだつぼう、だからな」と注意してくれたのです。

おかげで、本番では間違えることはありませんでした。

でも、私が中2になると、お兄ちゃんは佐賀の高校へ行ってしまったので、私のなかの「今まで絶対に変化しないはずのもの」が変化してしまいました。

その頃のことは、たぶん、毎日のようにパニックを起こしていたので記憶がありません。

けれども、私が高校2年生の1年間、お兄ちゃんは大学浪人で、宮崎の予備校に帰って

きていました。

高校1年生のときは、いじめがあったりして、ほとんど学校に行かなかったのに、転校して高2になったときは、

「お兄ちゃんが家にいてくれる、帰ったらお兄ちゃんがいる」

その安心が、また学校へ行けることにつながったと私は思っています。

お兄ちゃんのやりかたで、私にいろいろなことを教えてくれました

お兄ちゃんは、私のことをいつもばかにして、けなしていました。

だから、お兄ちゃんがどうして私にとって大事だったのかは、よくわかりません。

でも、たぶん、そうやってふつうにばかにしてくれることも、私には大切なことだったのだと思うのです。

だって、ばかにされたら、「それをほかの人の前でやってはいけない、言ってはいけない」とわかるからです。

ばかにされることは「私がここにちゃんと生きている」ということでもあったんだと思

います。

昔の私にとって変化のないはずのものは「お兄ちゃん」でした。

今、私にとって変化のないもの。

それは「ピアノ」。

私は変化をしないものに、いつも頼っています。

私はピアノがあるところでは、「みんなと一緒に何かをする」ことはできるけど、ピアノがないところでは、自分がどこにいるのかさえわからなくなります。

そして、わけがわからなくなって、だいたい、泣いてしまいます。そして、逃げます。

今でも、これは変わっていません。

初めての自傷《じしょう》は中学生のとき、嘘《うそ》をついて隠しました

友だちに「頭、はげてるよ」と言われて、びっくりして鏡を見たら、髪の毛が抜けていて、10円玉大のハゲができていました。

きっと、知らないうちに自分で髪の毛を抜いたのだと思います。

それをお母さんに見つかったとき、「どうしてそんなことをしたの！」と叱られるのがいやで、「窓に髪の毛がはさまって、そのまま飛び降りたら抜けたの」と嘘《うそ》をつきました。

中学のときは、学校にいるのがいやで、早退したことがよくあって、そのときもお母さんに、「学校が早く終わったから」「おなかが痛かったから早退した」と嘘をついていました。

ずっとお父さんとかお母さんに悩みを言えませんでした。だって、「私、ちょっと頭おかしいみたいなんだけど」なんて、親に言うわけにもいかないからです。

高校1年のときにいじめにあって、パニックになりました

中学を卒業して、県立高校の普通科に進学してすぐのことです。

研修に行ったときの写真が掲示板に張り出されていたのですが、クラスのA君が、担任のB先生が写っている写真の顔のところに押しピンを刺したのです。

先生は「誰がやったの？」と怒って、クラスのみんなに聞いたのですが、誰もA君がやったということを言いませんでした。

どうしていいかわからなくて、お母さんに聞いたのです。

「B先生は新しく来た人で、とてもいい先生なの。毎日、私たちのことを一生懸命指導してくれているんだよ。これじゃあ、先生がかわいそう。私、先生にこのことを伝えてあげたいんだけど、お母さんはどう思う？」

「たしかにA君のしたことはお母さんも悪いと思うし、先生もかわいそうだけど、でも……」

「でも、なに？」

「もし、あすかが先生に伝えたことがA君に知られたら、いやがらせをされたりするかもしれないよ」

「なにそれ？　私は見て見ぬふりはできないよ！　今すぐ先生に電話して話したい！」

その晩、お母さんとこのことについて夜遅くまで話し合い、B先生に電話することになって、誰が押しピンを先生の顔写真に刺したのかを先生に話しました。

翌日、B先生は犯人のA君を呼び出して注意したそうです。

お母さんが先生に頼んで、私から聞いたということは、みんなには内緒にしてもらっていました。

でも、クラスに戻ってきた犯人のA君が「俺、先生に呼び出された。誰が告げ口したんや！」と叫んだとき、私、ブルブル震《ふる》えてしまって。

それで、私が先生に教えたことがわかってしまったのです。それから、私へのいじめが始まりました。

私の机の上にマジックで「死ね」と書かれてあったり、制服やジャージがはさみで切られていたり……。中間試験28点の英語の試験用紙を、クラスの後ろの壁に張り出されたこともありました。

自分では正しいことをしているのに、どうしてそんないじめを受けるのかも理解できなくて、くやしくて、つらくて。

そのうち、教室にも入れなくなって、学校へ行けなくなりました。

がんばって登校しても、やっぱり教室には入れなくて保健室に行くだけ。途中で学校を抜け出して、数時間も歩いて家に帰っていました。

コンタクトを割って右目を傷つけたのはその頃のことです。

嘘《うそ》をつくしかなくて、まわりの人たちを困らせてしまいました

その頃の自分を思い出すことは、とてもつらいです。嘘しかつけない時期があって、苦しくて、自分がきらいでした。たぶん、そのとき私の本当のこころにふれようとして、私に傷つけられた人たちが、いっぱいいると思います。

助けようと思ってくれた人たちもいたのだと思う。でも、私には見えなくて、とにかく何も見たくなくて……。そんな気持ちを誰にも伝えられず、伝え方もわからなくて、それで、嘘をつくしかありませんでした。

「自分は何のためにここにいるんだろう……」

いつも、そう思っていました。

その答えがわからず、自分なんかいなくなればいい、自分をなくしてしまいたいと思っ

ていたのです。

家族に相談したくても、相談できる家ではなかったし、そのつらさを誰にも伝えられなくて、伝え方もわからなくて、ひとりで悩んでいました。

でも、自分ではその頃のことをあまり覚えていません。たぶん、その日を生きることでいっぱい、いっぱいだったからだと思います。

父・福徳

いじめにあって不登校に

あすかが高1のとき、私は福岡に単身赴任《ふにん》していて、長男も佐賀にある全寮制の高校に行って家にはいませんでした。

それで、あすかは妻と宮崎市の家で二人きりで暮らしていました。

この頃、妻はとてもハードな毎日を送っていました。

自宅から勤務先の小林市の高校まで片道1時間半もかかり、通勤だけでも大変なのに、家事はもちろんあすかの子育てをして、それに週に1回、あすかを連れて家から電車で1時間半もかかる都城《みやこのじょう》市のピアノ教室に通わせていました。

妻からあすかのようすを聞くたびに、心配で、休みにはしょっちゅう自宅に戻っていたのですが、高校1年の学期末に進級会議があり、留年してようすを見ましょうという結論になりました。

あすかは、学校でいじめられたりして苦しんだこともたくさんあったにもかかわらず、「それでもここで頑張《がんば》る」と言いました。優《やさ》しい子なのです。

妻とも話し合い、そのままこの学校にとどまるよりも、環境を変えたほうがあの子のためにいいだろうと判断しました。

私が単身赴任中だったこともあって、妻が転校先の学校をさがしてまわりました。いくつかの学校は断られましたが、ある私立高校が「うちへおいで」と、あすかを快く受け入れてくれました。そこで、2年生の初めから、その私立高の文理科へ思い切って転校したのです。

転校先の高校がつくってくれた、あすかのためのプロジェクトチーム

高校1年のときにいじめにあって不登校になったあすかが、第一志望の宮崎大学教育文化学部芸術文化コースに入学できたのは、このとき転校した高校のおかげです。

転校したときに、宮崎大学に進学するのが、あすかの夢だということを学校に伝えると、学校側はあすかのためにプロジェクトチームをつくってくれたのです。

1年生の授業をほとんど受けていないあすかのために、先生方は夜の8、9時頃まで放

課後の時間割をつくって、1対1で数学や国語などの補習をしてくれました。

さらに、「放課後、帰りが遅くなるから」と、自宅の近くに住んでいる先生や生徒が、あすかを送り迎えするシステムまでつくってくれたのです。これは本当に助かりました。

前の学校でいじめられていたと聞くと、そういうことがないようにと、担任の先生がクラスの巡回指導をきっちりしてくれたのも安心でした。

なによりここでは、学校のなかであすかの居場所があったことが、あの子にとってストレスなく過ごせた理由です。

学校では集会のときに校歌を歌いますが、前の高校ではピアノの伴奏はほかの生徒がやっていて、あすかの出る幕はありませんでした。

でも、転校すると、当時あすかの個人レッスンをしてくれていた片野《かたの》郁子《いくこ》先生の知り合いの先生がこの高校にいたため、入学したその日から、あすかに校歌を弾《ひ》かせてくれたのです。それから、すべての学校行事で、あすかがピアノの伴奏をするようになりました。

前の県立高は1クラス40人でしたが、ここは1クラス24人と少人数だったのもあすかにはよかったようです。最初に課題のテストをクラスで受けたとき、あすかは18番でした。

「お母さん、私、ビリじゃなかったよ。私の下にまだ6人もいるとよ」と、喜んでいたといいます。

そんなこともきっかけになって、自信をつけ、また勉強も頑張《がんば》って、3年生の頃にはクラスで1番になっていました。

成績が上がるとうれしくなって、もっともっと努力するのも、あの子のいいところです。前の学校のようないじめのストレスもなくなり、元気を取り戻したあすかは、高校生活を楽しんでいました。

母・恭子

片野先生の厳《きび》しい指導で、あすかのピアノはめきめき上達しました

高1の不登校のとき、あすかは片野郁子先生にピアノを教えてもらっていました。

小さい頃からあの子は手が小さくて、1オクターブがなかなか届きませんでした。

「そんなことではコンクールにも出られない」

先生にそう言われて、手の平を伸ばす練習を一生懸命したりしていました。そんな基礎的なところから、徹底的に指導しなおしていただいたのです。

ある日のこと、私と夫はレッスンが終わる夜8時に迎えに来るからと、本屋に行ったりして時間をつぶしていました。そろそろレッスンが終わる時間になって迎えに行くと、あすかが先生のお宅の門のところでひとりポツンと立っているではありませんか。すでに、あたりは真っ暗でした。

「あすか、どうしたの?」

聞いても、あすかは何も言いませんでした。あすかが、レッスンで何があったのかを話してくれたのはその2日後のことです。

「先生に怒られて、もう帰りなさいって言われた……」

当時は携帯電話もありません。私たちが8時に迎えに来るまでずっと外で泣きながら立っていたというのです。それ以来、レッスンに行くときは車のなかで待つようにしました。それほど片野先生の指導は厳《きび》しいものでした。

でもそのおかげで、次第に成果があらわれてきました。それまではいくら受けてもまったく通らなかったコンクールの予選に、生まれて初めて通過。なんと難関《なんかん》といわれる宮崎日日《みやにち》新聞社主催の「宮日音楽コンクール」の高校生部門で、6人が予選通過したうちの1人に入れたのです。

これには私も夫も、小躍《こおど》りしてしまうほどうれしかったです。

ご褒美《ほうび》に買ったグランドピアノ

先生からは「本格的にピアノを続けるなら、アップライトではなく、そろそろグランドピアノを買ってもらいなさい」と言われていたそうです。でも本人はなかなか親に言い出すことができなかったようで、人づてにそのことを知りました。

当時のグランドピアノといえば、車1台買えるくらいの値段。ふつうのサラリーマン家庭では、簡単には買えるものではありません。

しかし、たとえ学校でいろんな問題があったとしても、ピアノを弾《ひ》いているときのあすかは、いつもすごく楽しそうなのです。

入賞したとき、あの子は言いました。

「これからもピアノはずっと続けていきたい」

それで私たちは、思い切ってグランドピアノを買ってあげることにしました。

ただし、「20歳までの誕生日プレゼントはまとめてこれだからね」という約束も忘れずに……。

あすかの手紙

お父さんとお母さんに、初めてほめられました

高校のとき、初めてコンクールの予選に通りました。

宮日《みやにち》コンクールの予選ではバルトークの『ルーマニア民族舞曲』、本選ではベートーベンの『田園』を弾《ひ》いたのですが、このとき初めて、コンクールには予選と本選があることを知りました。

発表会と一緒で、1回みんなの前で弾いたらおしまいなのかなとずっと思っていたのです。なので、先生から「さあ、予選通ったから次練習するよ」と言われたとき、どうして、受かったのにまた練習しなければならないのかわからず、ちょっとびっくりしてしまいました。

それまで、勉強も、運動も、お兄ちゃんとかいとこと比べると、できなくて、あんまりほめられなくて、ずっとさびしい思いをしてきました。

だから、予選に初めて通ったとき、お父さんとお母さんに、初めてほめられて、すごく

うれしかった。

「ピアノと一緒にいたら、また何かできるのではないか」

そう思って、ピアノが、音楽が大好きになりました。

グランドピアノは、ずっとほしかったです。でも、高いのはわかっていましたから、とてもおねだりできませんでした。

自分から物をほしがったりしてはいけないと思っていました。だけど、どうしてもグランドピアノがほしかったのです。

でも、「20歳までの誕生日プレゼント、ぜんぶまとめてピアノね」とお母さんから言われたので、生まれて初めておねだりができました。

そのグランドピアノは、家に届いた日から今まで、ずっとそばにいてくれます。

解離性障害の原因はピアノではないか、と入院中、半年もピアノを弾かせてもらえず、毎日カギのかかったピアノの下で泣いていました。

第５章

精神科に長期入院。原因は何なのか？

あすかの手紙

鉄格子《てつごうし》がはまった牢屋《ろうや》のような保護室に入れられました

いろんなことがあった高校生活を終えて、私はあこがれていた大学に通いはじめました。でも、たびたび過呼吸発作《かこきゅうほっさ》を起こすようになって……。ついに病院の精神科に入れられてしまったのです。

この頃も、とてもつらかったです。その日も大好きなピアノを病院の先生に取り上げられて、私、カギをかけられたピアノの前で一日中、オンオン泣いていました。でも、弾《ひ》いたらダメと言われても、ピアノの近くにいたくて、とりあえず、その開かないピアノの下に行って、時間を過ごしていました。ちゃんと楽譜《がくふ》も持って行って、ピアノに「おはよう」ってあいさつして、「開かないね、今日も」ってピアノに言っていました。

そこに朝から夕ご飯の時間までいて、でも夕ご飯には集会室が閉まってしまうので、集会室から閉め出されてしまいます。それから、お布団に入って寝て、また次の日の朝、集会室に行ってピアノに「おはよう」ってごあいさつ。楽譜を持ってずっと夕方までピアノの下にいました。

「はあ〜、開かないな〜。今日も開かなかったな……」

そうやって、次の日も、その次の日も、毎日ピアノの下にいました。

私がそうやって一日中、ピアノの下にいると、先生がやってきて「ピアノから離れなさい」と怒るのです。

でも、どうしても私はピアノのところにいたかったので、先生の言うことを聞きませんでした。すると、先生が私を押さえつけて集会室から閉め出そうとしたのです。

先生がどうして私からピアノを取り上げるのかもわからず、そのうえ、集会室から閉め出すために押さえつけられて、私は自分の気持ちをおさえることができませんでした。

とても暴れたと思います。その拍子《ひょうし》に、先生がどこかにぶつかって、先生のめがねが壊れてしまったことがあります。

「あすかさんに蹴《け》られたから、今日メガネないんだよ」

そう言われて、保護室に入れられてガチャンとカギをかけられました。保護室に入れられるときは、そこに入れられるのがいやで、どうすることもできずに暴れていました。保護室には鉄格子があって、まるで牢屋だったからです。

とてもこわくて、自分の気持ちをおさえることができませんでした。

父・福徳

人間関係のストレスから過呼吸発作《かこきゅうほっさ》を起こしたあすか

子どもの頃に宮崎大学教育学部特別音楽課程科卒業の又木朋子《またきともこ》先生に個人レッスンをしてもらったことがあり、その頃からそこへ進学するのがあすかの夢でした。

本人の希望どおり現役で宮崎大学に合格し、ピアノをもっときわめていく上で、とてもいい環境に入ることができてよかった、と妻も私も大喜びでした。

昔から行きたかった大学に進学できたことで、「これからは本格的にピアノや音楽が勉強できる」と、あすかも張り切っていました。

ところが、そんな浮かれ気分も長くは続きませんでした。大学に入学してまもなくすると、あすかは過呼吸発作を起こしはじめたのです。

大学は自宅からすぐ近く、自転車でものの5分ほど行ったところにあるのですが、人間関係のストレスなどが、また彼女を襲《おそ》うようになったのです。

高校1年生のとき、初めてコンクールの予選通過を果たして以来、さまざまなコンクールに挑戦して、いくつかの賞をとっていたあすかは、大学に入ると、地元ではちょっと知られたピアニストになっていました。

それで先輩からあすかのもとに、「声楽の伴奏をしてくれないか」「フルートの伴奏をしてほしい」、と伴奏依頼がたくさんきたのです。

あすかは「同時にいくつものことをする」のが苦手です

そういったオファーはもちろんうれしいことなのですが、いくつものことを同時にこなすことが苦手なあすかにとっては、苦痛だったのでしょう。

勇気をふりしぼって断るのですが、相手に悪いことをしたのではないかと、断ったあとでそのことを気にしすぎたりして、ストレスをためていくのです。

ふつうの人ならやんわりと何かほかの理由をつけて断るなど、適当にうまくやっていけると思うのですが、あすかにはそういうことができませんでした。

当初は1カ月に1度くらいだった過呼吸発作《かこきゅうほっさ》も、やがて1週間に1度、2～3日に1度と、その頻度《ひんど》は次第に増えていきました。そのたびに大学の保健管理センターから呼び出しを受けて、妻が職場からかけつけました。

あまりにも発作がひどいので、保健管理センターから病院の精神科を紹介いただいて診察を受けると、診断の結果は「解離性障害《かいりせいしょうがい》」という聞き慣れない症名でした。

「すぐに入院して、原因を調べたほうがいい」

そして、病院の先生の言われるままに、あすかを入院させることになってしまったのです。

当時は解離性障害の症状が強く出ていて、その治療を優先していました。ですから、もとになっている発達障害には誰も気づかないままでした。そのため、私たちはあすかの解離性障害は治療さえすれば治るものだと思い込んでいたのです。

病室で解離《かいり》が起きて、時計の針でリストカットを……

病室で、コンクリートの床に敷かれたたった1枚の畳《たたみ》の上で、あすかが寝ている姿を見たときは、ショックで胸がつぶれる思いでした。

自分の子どもが精神科に入院しているという事実を認めたくはありませんでした。でも、病室にいるあすかの姿を目の前にして、それは認めなければならないことでした。

入院するとき、私たちはあすかに小さな置き時計を持たせました。時計なら自傷行為《じしょうこうい》とは関係がないだろうと思ったからです。

ところが、あすかはその時計を割って中から針を取り出し、その針でリストカットをしたのです。

私たちには思いもおよばないことですが、ひとたび解離をすると、そんなことまでやってしまうのです。

その時期は何もないコンクリートの部屋に畳がひとつ敷いてあるだけで、あとはポータブルのトイレが隅にあって、鉄柵《てっさく》の牢屋《ろうや》のような保護室に、あすかは2週間から1カ月ほどひとりで寝泊まりさせられていたこともありました。

そこでもトイレの上に乗り、電球を手で割ってその破片《はへん》で手首を切ったりしたのです。そのために、あすかはなかなかその部屋を出られませんでした。

精神科の先生によれば、これらの症状は、つらい体験を自分から切り離そうとするために起こる一種の防衛《ぼうえい》反応と考えられているとのことでした。こうした症状は今もずっと続いています。

解離性障害《かいりせい》の原因はピアノにある？

あすかがこんなふうになったのは何が原因なのか。

入院すると、その原因さがしが始まりました。原因がわかれば、適切な処置が施《ほどこ》せますし、症状も改善していくはずです。

小さい頃のようすはどうだったのか？

しつけは？

厳《きび》しく叱ったり苦しめたりしたことはなかったか？

過去にどんなことがあって、どんな育て方をしたのかを、先生は私たちとの面談を通じて、探っていかれました。

原因を追及していくなかで、ある日、先生がこんな話をされました。

「もしかしたら、小さい頃から一生懸命、毎日やってきたピアノが原因なんじゃないか？それがストレスとなっているのではないか」

病院の集会室には、アップライトのピアノがあって、病院の方々も、最初はあすかが弾《ひ》けるようにピアノを調律してくれていたのです。

しかし、ピアノが原因かもしれないということになってから、先生はあすかをピアノから遠ざけて、いっさい弾かせないようにしてしまいました。

そして、当時、あすかにピアノの個人レッスンをしてくれていた片野《かたの》郁子《いくこ》先生に、病院に見舞いに来ないようにと厳《きび》しく告げたのです。片野先生に会わせれば、あすかがストレスを感じるからという理由でした。

その日から、集会室のピアノにはカギがかけられ、開かないようになってしまいました。

でも、あの子は楽譜《がくふ》を手に持って離しませんでした。起きているときも、寝るときも、ずっと楽譜を抱いていたのです。

「片野先生が来てくれる。そして、先生が来てくれたらピアノが開いて、弾くことができる」

そう、かたくなにずっと信じていました。

あとからわかったことですが、片野先生は何度もお見舞いに来られたのに、主治医の先生から「来ないでください」と言われて会えなかったそうです。片野先生には本当に申し訳ないことをしたと思っています。

あすかの手紙

私は相手のお話を「音楽」として聞いています

入院した病院の先生が、私にピアノを弾《ひ》かせないよう、集会室にあったピアノのフタにカギをかけて、開かないようにしてしまいました。

あとでお父さんから聞いてわかったのですが、病院の先生が、私の障害の原因はピアノにあると考えたからだそうです。

私は、先生が言うことはわかりません。診察室のベッドの下に入って、お父さんと先生の話す声を聞いているだけです。お父さんと話をしているのが精神科の先生だということは、先生の足音、一緒の話し声の音域、テンポでわかります。

先生から質問されても、私は先生のお話を音楽として聞いているので、質問の意味がわからないのです。それでいつも、「はーい」と返事をしています。なので、お父さんから聞くまで、どうして集会室のピアノのフタにカギがかけられたのかがわかりませんでした。

父・福徳

的はずれな原因さがしで苦しむあすか

楽譜《がくふ》を何日も何日も離そうとしないので、私は、あすかをピアノから遠ざけるのは間違いじゃないですか、という話を先生にしました。

ピアノが原因ではないという結論が出たのは、あすかが開かないピアノと一緒に過ごして半年が経《た》った頃のことです。

「あすかさんは音楽が本当に好きなんですね」

先生からそう言われたとき、私は耳を疑いました。そして思わず強い口調で先生にこう告げました。

「そうです！　あすかは小さい頃から、つらいこと、くやしいことをいっぱい経験してきました。そんなあすかの心を支えてくれているのがピアノなんです！」

先生にピアノを取り上げられて、ピアノが弾《ひ》けなかったときのあすかの気持ちを思うと、今でもたまらなく不憫《ふびん》でなりません。

その後、あすかは一時的に解離性《かいりせい》障害の症状が落ち着き、いったん退院を許されて自宅に戻りました。

ついに警察までわが家に乗り込んできて……

しかし、退院して家に戻ったときから、本当の地獄が始まりました。

夜中に解離《かいり》が起きて、部屋のなかや近所を徘徊《はいかい》することもあり、互いの手を紐《ひも》でしばって寝たこともあります。

とくに日曜日の夜になると、「明日、大学に行きたくない」と泣きわめくのです。そして、2階の窓から飛び降りようとするのでした。

当時、家には妻とあすかだけでしたから、妻はそんなあすかの腕をつかんで部屋に引き戻し、「泣かないでいいんだよ」と抱きしめてなだめるのが常でした。

そんなある日、福岡に単身赴任《ふにん》中の私に警察から電話がかかってきたのです。

「お宅のご近所から、『子どもが泣いている。児童虐待《ぎゃくたい》ではないか』との通報がありました。家に入る許可をいただけませんか」

そう言われたのです。

福岡から飛んで帰ると、妻が憔悴《しょうすい》した顔で途方に暮れていました。

「あすかが大声で泣いていたときに、警察の人たちが警察手帳を見せながら部屋に入ってきたの。ご近所から、児童虐待ではないかと通報があったというんです。もうびっくりして、心臓がはりさけそうだった。どうして私たちがこんな目にあわなければいけないの！」

泣き崩れる妻と、パニックになって泣きつづけるあすかを前にして、私も暗澹《あんたん》たる気持ちになりました。

それからしばらく、夜になると、家の前にはパトカーが停まっていました。当時、近所の方々には多大な迷惑をかけていたと思います。

こんなことがあってから、あすかをひとりで家に置いておくわけにはいかなくなりました。私も妻も仕事があり、私たちが留守の間、誰かが見ていなければなりません。

そこで、私の親や妻の親が代わる代わる来てくれて、あすかを見守ってくれることになったのですが、来てくれたら来てくれたで誰も彼もが妻を責め、彼女はますます激しく自責《じせき》の念にかられていったのです。

自分を責めつづける妻

教師として遠くの学校に通いながら、あすかの面倒をひとりで見ていた妻の苦しみは、はかり知れないものがありました。

「父親は単身赴任《ふにん》。長男も不在で、母親と二人きりの生活なのに、子どもに接する時間もほとんどないほど母親のあなたが働いているから、あすかはさびしい思いを募《つの》らせていたんだよ」

妻は両親から、こう言われつづけていました。あげくの果てに、

「あすかがこうなってしまったのは、あなたの愛情不足にちがいない」

そうまで言われていたのです。

私自身も、ついつい、「子どもの頃、厳《きび》しく叱って育てたのがいけなかったんだ」と妻に厳しい言葉を口にしてしまったこともありました。

妻は精一杯やってくれていたことはわかっていました。

仕事のためとはいえ、あすかを妻ひとりに任せてしまっていることを心苦しくも思っていました。でも、出口の見えない地獄のような現実に耐えきれず、妻に当たってしまって

いたのです。

しかし、誰よりも妻を責めていたのは、妻自身だったと思います。

「高校であすかへのいじめなどが問題になったとき、すぐに仕事をやめて、そばにいてやるべきだったのではないのか」

「自分がふがいない母親であるばかりに、あすかはこんなふうになってしまったんじゃないか」

「教師であるにもかかわらず、これでは教師としても、母親としても失格じゃないのか」

「あすかがこうなってしまったのは、自分のせいなんだ、自分の愛情不足だったんだ」

苦悩する妻を前にして、私は慰《なぐさ》める言葉を見つけることができませんでした。

母・恭子

母親失格と責められて

第3章でお話ししたように、私が教員の仕事を始めたのは40歳を過ぎてから、あすかが小学校1年生の頃からです。それまで専業主婦だった私にとって、仕事はとてもハードなものでした。

そのために、あすかに愛情をかける時間が少なかったのは事実です。

言い訳になるかもしれませんが、こうしてあすかを家でひとりにしておくことで、あすかが自分ひとりで生活することを覚えてくれるのではないか、そうすることがあすかの自立のために役立つのだ、と当時は思っていました。

実際、私が仕事で家を留守にするようになってから、あすかは自分ひとりの時間を過ごすことを覚えてくれたと思います。

しかし、周囲から「あすかがこんなふうになったのは、あなたのせいだ」、「すぐに仕事をやめなさい」などと言われつづけ、私自身、母親失格だと自分を責めてきました。誰にもつらさを共有してもらえない孤独な時間でした。

父・福徳

大学は中退させられました

大学は半年休学し、一度は復学したものの、結局、2年生の終わりに退学しました。

解離性《かいりせい》障害であすかが入退院を繰り返していたとき、休学していた宮崎大学に呼ばれました。そして大学の会議室で、こう言われたのです。

「大学はそちらのお子さんひとりをお預かりしているわけではありません。みなが迷惑するので、お宅のお子さんひとりだけに関わっているわけにはいきません」

そう言われて、これ以上大学側に迷惑をかけることはできないと、あすかを退学させざるをえませんでした。

このとき、あすかが発達障害だとわかっていたら、たぶん、私はあすかを退学させることはなかったと思います。

その代わり、あすかはこういうことはできないけれども、こういうことはできる、というような話をすることはできたと思うのです。

しかし、これはまだまだ序の口でした。このあと私たち家族には、思いもよらぬ大事件が起きるのでした。

入院して苦しんだあと、あすかのピアノの音が変わりました。お父さんもあすかも、今の音のほうが好きです。

第6章

下された診断は「広汎性発達障害」

父・福徳

「やっぱり、私、ピアノを弾《ひ》きたい」

大学をやめてから入退院を繰り返したため、あすかはピアノからは遠ざかり、練習もまったくできない時期が1年以上続きました。

しかし、しばらくするとあすかは、

「やっぱり、私、ピアノを弾きたい。もっと本格的に学びたい」

と言って聞きませんでした。

妻と公《おおやけ》に弾ける場所をさがし、自宅近くのフランスレストランで、週末だけボランティアで弾かせてもらったこともあります。

しばらくすると、宮崎学園短期大学音楽科に、長期履習生《りしゅうせい》として通うことを許可されました。ここで、現在のピアノの先生である田中幸子《さちこ》先生と出会うことになったのです。

入院して苦しんだあと、あすかのピアノの音が変わりました

小さい頃から、あすかが発表会などで弾《ひ》いているときのビデオがたくさんあるのですが、中学、高校のときに弾いた曲と、入院して苦しんだあとに弾いた曲を聴《き》き比べると、まったく違うのです。

音が変わっているのです。高校時代は巧《うま》いテクニシャンが弾いているような弾き方をしていますが、入院して戻ってきてからは、別人ではないかと思うくらい、曲の流れがとても優《やさ》しくなっているのです。

本人も、昔のビデオを見ると、「あれ、私、こんなに巧かったの?」と、びっくりしていました。

前にもお話ししたように、田中先生に「ありのままでいい」という言葉をもらって、あすかの心に大きな変化が起きていたのです。

ウィーンへの短期留学で事件が

田中先生に教えてもらうようになってから、解離性《かいりせい》障害の症状が一時的におさまり、あすかの状態は、軽自動車を自分で運転して家庭教師をできていたほど安定していました。

そんな折、ウィーン国立大学での5日間の短期留学ツアーに参加しないかと誘われました。あすかも、しきりに外国でピアノを勉強したいと言い張るので、ツアーに参加させることにしたのです。解離の症状がおさまっていたこともあって、私たちはあすかをひとりで行かせることにしました。

そのツアーにはあすかを含めて5人が参加しました。5人というと、ふつうは2対3になることが多いのでしょうが、あすかの場合、相手が2人以上になるとわけがわからなくなります。

人間関係が2対2対1になったことや、また環境の変化にうまく対応できずに、あすかは現地でパニックになり、過呼吸《かこきゅう》発作《ほっさ》を起こして救急車で病院に運ばれてしまったのです。

ウィーンの日本大使館から緊急連絡が入ったのは、あすかが病院に搬送《はんそう》されてからまもなくのことでした。

「娘さんが入院しているウィーン国立病院は入院代が1泊7万円もします。このまま病院にいたら大変なことになります。すぐに迎えに来てください」

このとき、私はパスポートを持っていませんでした。急遽《きゅうきょ》、2日間で5年間有効のパスポートをつくってもらい、妻と一緒にウィーンに飛んだのです。

空港に大使館の人が迎えに来てくれていて、そのまま車に乗せられてあすかが収容されたウィーン国立病院までかけつけました。そこは、とてつもなく大きく立派な病院でした。

私たちはドイツ語はわかりません。観光用の通訳と、医学の通訳をお願いして、あすかが入院している病室へ行きました。

あすかは、天井の高い病室のベッドの上にひとりちょこんと座っていました。

あとでわかったのですが、前日まで同じ病室にポーランドの子が入院していて楽しそうにしていたらしいのですが、私たちがかけつけたときにはその子が退院してしまって、しょぼくれていたそうです。

かけつけた私たちに、病院の先生は尋ねました。

「この子は何歳ですか?」

妻が22歳です、と答えると、

「でも、実際の精神年齢はすごく幼いですよね。３歳くらい」

娘がばかにされたようで腹が立ちました。

カルテを翻訳してもらうと、なんとそこには「広汎性発達障害《こうはんせいはったつしょうがい》」という診断結果が書かれていたのです。

それまで日本の病院で解離性障害と言われつづけていたため、当初、私はその診断をまったく信用していませんでした。それに、解離性障害は広汎性発達障害による二次障害のひとつだということもまったく知りませんでした。

しかし、すぐにでもその病院を退院させなければなりませんでした。とにかく、あすかをこの病院まで搬送してくれた救急車の料金が60万円。これに消費税45％が加算され、入院代は全部で１６０万円にもなっていました。

診断名を聞いて、全身の力が抜けていくようでした

帰国して主治医の精神科の先生に相談すると、いろいろな検査が始まり、ウィーンで診断された広汎性《こうはんせい》発達障害なのかどうかを判断するためのさまざまなテストが行われました。

その結果、「発達障害で間違いないでしょう」という結論が出たのです。

それまで私たちは、解離性《かいりせい》障害だとしか説明を受けていませんでした。そして、それは治るものだと思っていました。一時的にこうした症状が出ているけれど、入院したり、適切な治療を施《ほどこ》せば絶対に治る。ずっと、そう信じていたのです。

にもかかわらず、今度は広汎性発達障害とは——。

全身の力が抜けていくのがわかりました。それまで頑張《がんば》ってきたことが、なにもかも失われていくようでした。

先生はこう説明しました。

「発達障害は、先天的に脳に障害があるために起きる障害です。そのため、脳の障害を治療することはできません。できることといえば、できるだけ本人がストレスを感じなくてすむような環境をつくることしかないのです」

私も妻も、とうてい受け入れることはできませんでした。

なぜなら、それは「もう治療では治せないということがわかった」ことにほかならないからです。

主治医からつきつけられた広汎性発達障害という事実を最初に受け入れたのは、驚いたことにあすか自身でした。

ある日のこと、あすかが私たちにこう言ったのです。

「病院で聞いたんだけど、障害者手帳を取ったら治療費が10分の1になるんだって。だから、障害者手帳を取りたい」

とても落ち着いた表情でそう言ったとき、あすかは自分の障害を認めているのだと感じたのです。

でも、障害者手帳を取るのは、そう簡単なことではありません。いったん障害者手帳を取れば、世間にあすかの障害を知らせることになります。将来のお見合いや結婚にも影響が出るでしょう。はたして、あすかに障害者手帳を持たせていいのかどうか、親として二の足を踏むのは当然でした。

それよりなにより、私も妻も、そのときはまだ、広汎性発達障害という診断名を受け入れることができなかったのです。

あすかの手紙

「みんなと違うのは障害のせいだ」とわかってほっとしました

ウィーンから帰ってきて、たくさん検査がありましたが、自分が発達障害だとわかって、ほっとしました。

小さい頃から友だちと違うのはわかっていて、それは、自分の努力が足りないせいだとずっと自分を責めていたのです。

自分がダメだから人と同じことができないのだと思って、自分なりに努力してがんばってきました。

でも、どうしてもうまくできなくて……。

できることもあるけど、走ることとか、なわとびをするとか、どうがんばってもできませんでした。

「こんなにがんばっているのに、どうしてみんなできるのに、私にはできないのだろう」

そう悩んでいたのです。

そういうことが多かったから、発達障害だということがわかって、

「あなたの努力が足りないとかじゃなくて、そういう障害が生まれつきあったからですよ」と言われたとき、

「ああ、なるほどね〜。だから、私はみんなと同じようにできなかったんだ」

そう納得して、ほっとしたのです。

それから、とりあえず発達障害とはどういう障害なのだろうと思って、本を読みました。ふつうの本は読むのがむずかしいので、先生が紹介してくれた漫画や絵本を読んだら、「ああ、発達障害ってこういうことなんだね」「私ってそうなんだ」と、自分のことが、なんとなくわかってきたのです。

それに、発達障害の人は、自分に興味があることは、ふつうの人よりもっと上手にやっていくことができると本に書いてありました。

「ああ、だったら私はピアノをやってみよう。自分の大好きなピアノを精一杯がんばろう」

そう思ったのです。

それと、できないことは、もういくらがんばってもできないということもわかったので、ならば、手伝ってもらえるにはどうしたらいいか、まわりの人たちに相談しようと思いました。

父・福徳

現実を受け入れること。それはある意味、あきらめでした

現実を受け入れられない私に、先生は「発達障害について書かれた本がありますから、これとこれを読んでください」と何冊かの本を紹介してくれました。

すすめられた本を手当たり次第、読みあさりました。そこには、対人関係やコミュニケーションが苦手など、発達障害の子たちの特徴がくわしく書かれていました。

それをあすかに当てはめてみると、「あすかもそうだ」「あすかもこれと同じだ」と、あの子に当てはまる事柄《ことがら》がつぎつぎと出てきたのです。

発達障害に関する本を読み進めていくうちに、受け止めるしかなくなっていったのです。

「ああ、そうなんだ。あすかは、発達障害だったのか」

ひとつひとつの事実がじわじわと迫ってきて、突きつけられた現実を、もはや認めるしかありませんでした。

「この現実をまず受け入れなければいけない」

それはある意味、あきらめでした。

この障害を治療して治すことはできないという現実を受けとめた上で、私たち家族や、あすかをとりまく人たちが、どのように対処していけばいいのかを考えていくほうが大事だ。そう思うようになったのです。

パニックで2階から飛び降りて右足を粉砕骨折《ふんさいこっせつ》

あすかが発達障害だと知らされ、私や妻が失意の底にあるとき、また大きな事件が起こったのです。

あすかの運転する軽自動車が交差点で追突され、むち打ち症になりました。それ自体は1週間ほどで治ったのですが、事故をきっかけに家庭教師もやめ、あすかはその後少し落ち込んでいました。

そして何もすることがなく、ぼんやりとなっていたとき、自宅にいたあすかは解離《かいり》の発作を起こして、2階から飛び降りてしまったのです。たまたま自宅の近くで草刈りをしている人がいて、ドスン、という音と「ギャーッ」という声を聞いて見に来て、あすかを見つけて救急車を呼んでくれたのだそうです。

あすかは右足を粉砕骨折して、数時間におよぶ大手術を受けなければなりませんでした。

そのとき、妻は職場で重要な会議があり、すぐに病院に行くわけにはいかず、代わりに私がかけつけました。妻が病院に着いたのは、手術が終わった頃でした。

手術は成功したものの、右足に障害が残り、車椅子《いす》に乗らなければならなくなりました。今でも、あすかは杖《つえ》がなければどこへも行けません。それに、ピアノのペダルも踏めなくなってしまい、目的を失ったあすかはつらい日々を送ることになってしまったのです。

ある日、あすかはこんなことを言ってきました。

「地獄には色があるんだ。紫色……」

私も妻も、どんな色かはわかりませんでしたが、地獄がどんなものかはわかるような気がしました。

母・恭子

「母と娘」より、「父と娘」のほうがいいのかもしれない

右足の粉砕骨折《ふんさいこっせつ》のため、ひとりで自由に歩くこともままならなくなったあすかを、これからどうやって世話していくのか。夫婦で悩みながら話し合いを続けました。ウィーンから帰ってきてから1カ月、毎晩、夜中の3時ぐらいまで夫と話し合い、そしてひとつの結

論に達しました。

「私たちがもっと早く気づいていれば、あすかも……」

「あすかのことを思うと僕もつらい。でも、広汎性《こうはんせい》発達障害は治療して治せるものではない。これから先ずっと、僕らであすかを支えていかなければならない。そのためには、僕か君のどちらかが1対1であすかに寄り添うのがいちばんいい」

「私はその覚悟です」

「仕事をやめて、あすかに寄り添うつもり?」

「これまでも何度もそうしようと思ってきた。だから、こうなった以上、覚悟を決めて教員の仕事をやめて、ずっとあすかのそばについていています」

私はかたく決心していました。というのも、発達障害とわかってから、主治医の先生から、「あすかさんは2人以上を相手にする人間関係は苦手だと思いますよ」と説明を受けていたからです。

あすかに尋ねると、本人もこう言いました。

「私、1対1ならきちんと相手の言っていることがわかるんだけど、ホントは、2対1になると話がわからなくなる」

私と夫の2人を同時に相手しながらコミュニケーションをとるのが、実はあすかにとってはすごく難《むずか》しいことだったのです。

私とあすか、夫とあすかと1対1で会話しているとき、私も夫もあすかだけを見ているから会話ができるのですが、私と夫、それにあすかの2対1になると、どうしても私と夫の会話も入ることになります。

そんなとき、夫と私の意見が食い違ったりすることがあって、なんとかお互いを理解しようと話し合っていると、あすかは私たちがけんかをしていると思ってしまうらしいのです。そして、あすかはその原因が自分にあると思って苦しくなってしまうのです。

長年一緒に暮らしてきて、私たちはそのことにまったく気づいてやれませんでした。そのために、あすかがどんなに苦しんでいたのか……。そう思うと、胸をえぐられるようでした。

見守ることはつらいけど、母から父へのバトンタッチ

夫が言いました。

「でも……」

「先生に何か言われたの？」

「……先生が言うには、あすかは母親からストレスを受けているって」

「それはわかっています。あすかに厳《きび》しくしてきたことが、あすかにとってストレスだったということは、私もわかっているし、後悔《こうかい》も反省もしています。でも、それはあすかに障害があるなんて思っていなかったからです」

「そうだね、お前の気持ちはよくわかる。だったら、これからは、僕が君に代わってあすかに寄り添うよ。仕事を続ければいい。これまで僕は仕事が忙しくて、ずっとあすかをまかせてきたね。仕事と家庭との両立は、これまで本当に大変だったと思う。これからは僕が主導権を持ってあすかの面倒をみていくよ」

夫の言うことはよく理解できました。

母親である私は、娘のことを思うあまり、つい干渉《かんしょう》しすぎてしまいます。何かあるとどうしても感情的になってしまって、あすかとかちあうことも少なくありませんでした。母親と娘は女同士なので、どうしてもそうなってしまいがちです。

これまでどおりに私といたら、どうでもいいことでも口うるさくあすかに注意してしまう。そのたびにあすかにストレスを与えてしまうでしょう。

でも夫は私と違い、いちばんのポイントをしっかりとらえて、そこのポイントだけちゃんとやればいいという人です。夫と一緒のほうが、あすかがあすからしく生きられるのではないかと思うのです。

夫はすごく優《やさ》しくて、おおらかで寛容《かんよう》な男性です。包容力がありますから、夫と一緒のほうが、あすからしくのびのびできると思いました。

ちょうどこの頃、夫の勤務先は福岡から都城《みやこのじょう》市に移り、宮崎市内の自宅から通えるようになっていました。

夫の提案に、私は同意することにしました。私は一歩引いて見守ろうと思ったのです。

私は仕事を続け、経済的に家計を支えていこう。さびしいけれど、それがあすかのためなんだ。私はそう自分に言い聞かせました。母親でありながらわが子をじっと見守るのはつらいことです。口に出したくても黙って耐えなければならないのです。私にとってはとても難《むずか》しいことです。でも、見守るというのは見捨てることではありません。「待つ」ことなのです。

いつか、あすかが成長して、母親の気持ちを理解する日が来るかもしれません。でも今は、あすかのことは夫にまかせておくのがよいのだと思いました。もしこのままずっと、あすかに理解されないとしても、あすかにとってそれがいいのであれば、それがいちばんなのだと。

夫にあすかをまかせること、私は働きつづけることを話すと、彼は「うん」と優《やさ》しくうなずいてくれました。そしてこう言いました。

「僕たちが仕事に出ているとき、万が一、家にひとりでいるあすかに何かが起きたら、そのときは宿命だと思おうね」

そして、私たち親が先に死んでも、障害のあるあすかが、ひとりでちゃんと自立して生きていけるようになってほしい。

そのために、できることをすべてやっていこう。夫とそう誓《ちか》ったのです。

右足が粉砕骨折で右のペダルを踏めなくなったので、左足で踏めるようにけているアシストペダル。

第7章

障害を隠しつづけるのか、公表すべきなのか?

父・福徳

「24時間テレビ」での全盲のバイオリニストとの共演

２０１０年と２０１１年の夏に、あすかは日本テレビの「24時間テレビ」に出演させていただきました。10年夏の一度目は『アルゼンチン舞曲』を弾《ひ》き、11年夏の二度目は、全盲のバイオリニストとして活躍中の白井崇陽《しらいたかあき》さんとの共演で『瑠璃色《るりいろ》の地球』を披露《ひろう》しました。

白井さんとの共演は、障害者と健常者《けんじょうしゃ》との相互理解を深め、ともに生きる社会を目指すボランティア団体「宮崎わたぼうし会」が主催する「わたぼうし宮崎コンサート」の会場からの生中継でした。

障害を理由にそれまでほかの楽器との共演をあきらめてきたあすかでしたが、白井さんとの共演を見事に成しとげたことで、ひとつの新しい可能性の扉が開いたような気がしています。そのときのことを白井さんがブログに書いてくれています。そこには、あすかを理解してくれた同じ音楽家の深い洞察《どうさつ》があります。

バイオリニスト・白井《しらい》崇陽《たかあき》さんのブログ

（略）リハーサルの日。最初の1音をあすかさんが演奏した瞬間「いける！」そう思いました。演奏がうまい、音がきれい、そんなありきたりなことではなく、その音には言葉以上の思いが込められていました。

僕がこうしたいと音で表現すれば、あすかさんもそれに応え、あすかさんから伝わってくる思いを、僕がいっしょに大きな音楽にしていく。その結果、初めてのコラボレーションは、言葉にできないほどすばらしいものになりました。（略）

ゆっくりではあっても、きちんと会話ができ、自分の気持ちや考えをはっきり言う。コミュニケーションがとれないなんて、だれがいったんだと思うほど、あすかさんはしっかりしていましたよ。

なにも考えていないわけではなく、伝えたいことが山ほどある、人と共有したい思いがたくさんある。ただ、それを言葉にすることが難《むずか》しい、伝える手段がわからない。きっとあすかさんは、常にそういうもどかしさと戦っているんじゃないでしょうか。

それは想像以上に苦しいことだと思います。だからこそ、一緒に演奏できて、だれかとひとつの音楽を作れて、人に思いを伝えられたことが、なによりうれしかったんじゃないでしょうか。

僕自身が、いままでに感じたことのないほど、音から強い思いを感じ、最後の1音を弾《ひ》き終わったときに、感動で涙しそうになりましたから。

相手の姿や表情が見えない僕と、相手の心が見えないというあすかさんのコラボレーション！

見ようと思えば、ちゃんと見えるものがある！

皆さんには、見えないものがありますか？

（2011年9月3日「すてきな出会い」より）

恋を知らないあすかの「愛のワルツ」が絶賛されて

あすかは、自分には広汎性《こうはんせい》発達障害という障害があることを受け入れてから、以前にも増してピアノの練習に打ち込みはじめました。あすか自身が言っているように、粉砕骨折《ふんさいこっせつ》した右足でペダルを踏めないというハンディを背負っても、田中幸子《さちこ》先生から言われて左足でペダルを踏むことを覚えたのです。

田中先生のレッスンは1週間に1回のみだったので、ほかに東京の武蔵野《むさしの》音楽大学のセミナーなどを受講しました。

そのとき初めて外国の先生についたのですが、それがモスクワ音楽院の副理事長をしていたロシア人のセメッツキー先生でした。

あすかが大学を中退し、田中先生と出会った最初の頃、先生が課題に選んでくれた曲にモシュコフスキーの『愛のワルツ』があります。あるとき、あすかはその『愛のワルツ』をセメッツキー先生の前で弾《ひ》いたのです。

すると先生は、

「この曲を選んだのは誰ですか？」

と、あすかに尋ねました。

「今習っている田中先生です」

そう答えると、先生はこう言ってくれました。

「その先生は、あなたのことを、すごくよくわかってくれている先生ですね」

その一言で、「田中先生は、私のことをすごくよくわかってくれている人なんだ」と、あすかは田中先生への信頼感を深めていきました。

あすかは恋を知りません。男の人を好きになるのがどういうことなのかわからないあすかに、セメッツキー先生はこんな教え方をされていました。

「これは愛の曲、ワルツだから、綿《わた》の上を実際に歩くような雰囲気《ふんいき》で弾いてごらん」

そう言われて、あすかは綿の上を歩くような気持ちをピアノで表現したのです。


セメッツキー先生が静岡の学校にいたときには、そこまでまた習いに行きました。

ところが、あすかはそこで解離《かいり》の発作を起こして自傷行為《じしょうこうい》をし、手を切ったりしてしまったのです。すぐに私がかけつけ、連れて帰ろうと思ったのですが、あすかは、

「セメッツキー先生のレッスンがまだ終わってないから帰らない」

と言い張るのです。

仕方ないので私も一緒に旅館を取って、毎日、セメッツキー先生のレッスンについて行きました。

世界的な先生が「あすか、ナンバーワン!」

私は思いきって、通訳の方を通じて、セメッツキー先生にこんな質問をぶつけてみました。

「あすかのピアノは、どうなんでしょう?」

すると先生は笑いながら、

「あすかナンバーワン！　ものすごくきれいな音を出します！」

そう言って絶賛してくれたのです。

ほかの先生にも聞いてみました。

「セメツキー先生は、ほめることはめったにありません。あそこまでほめられるなんて、娘さんは相当筋《すじ》がいいんでしょう」

そこまで言われて初めて、あすかの奏《かな》でる音は、こんなに偉い外国の先生も認めてくれるほどなのだ、と思いました。

同時に私は、あすかのピアノがどこまで通じるのか、あすかをコンクールに参加させようと思ったのです。

宮日《みやにち》音楽コンクールでグランプリと全日空ヨーロッパ賞を受賞

２００６年11月23日、「第12回宮日音楽コンクール」本選が宮崎市の県立芸術劇場で行われました。

24歳のあすかが再起をかけて、6年ぶりに出場したコンクールです。

ピアノ部門では8月の予選を通過した73人が出場しました。

あすかが選んだのはプーランクの『3つの小品』(本書の付属CD3曲目に収録)でした。

大学時代、調子がいいときによく練習していた思い出の曲です。

「これをまた弾《ひ》けるようになったら、復活したということだよ」

あすか自身、そう言っていました。


コンクールの結果発表は、夜の9時くらいにありました。

壁に入賞者が張り出されます。私はあすかと一緒に見に行きました。

入賞者リストを下からずっと見ていくと、あすかの名前はありません。入選もしなかったか……とあきらめながらも、そのリストの上のほうをながめていくと、なんと、いちばん上に名前があるではありませんか。

「あすかが1位だ!」

あすかは見事、グランプリを獲得《かくとく》したのです。

私は飛び上がるほど、びっくりしました。実は発表後、本人がなかなか姿を現さないので、主催者側の人たちは「野田さんはもう帰ってしまったんだ」と、あきらめていたそうです。

あすかの手紙

グランプリと言われたときは、「ドッキリ」かと思いました

コンクールで弾《ひ》いたあと、お父さんと一緒にロビーの端《はし》っこにいて、発表があったことに気がつきませんでした。

おかしいなと思って見に行くと、とっくに発表が終わっていて、誰もいなくなっていました。

もし、自分の名前があるなら入選くらいだろうと思っていたので、入選の人から名前をさがしていったのですが、残念なことに、入選者のなかに私の名前はありませんでした。

「入選もしてないよ」

お父さんにそう言ったのですが、よく見たら、自分が1位で、もうびっくり！

ずっと入院したりしていて、長い間ピアノが弾《ひ》けなくて、退院して初めて出たコンクールだったので、まさかねと思いました。

それから宮日《みやにち》の人が受賞のことなどを説明しにきました。

説明がぜんぶ終わったら、「いやあ、実はこれはドッキリでした！」と言われるのかなと、

ずっと思っていたのです。だから、きっとどこかに隠しカメラがあるはずだと、ずっときょろきょろさがしていたのです。

そしたら「本当だよ」って何回も言ってくれて。

田中先生に電話したら、とても喜んでくれたので、うれしかったです。

そのとき、昔はピアノと競争していたけれど、やっと今、ピアノと友だちになれたと思いました。

小さい頃は、コンクールに入賞するために、その曲に合った音色《おんしょく》どおりに弾かなければと、自分をおさえるピアノをやるしかありませんでした。まねごとのピアノはつらかったです。でも、田中先生に教えてもらうようになってからは、良くても悪くても自分の「こころのおと」を出せるようになって、ありのままの自分でいいと思えるようになりました。

父・福徳

見えてきた希望の灯火《ともしび》

田中先生に出会うまでは、手当たり次第にコンクールに出ていました。

コンクールというのはもちろん競争です。それが何年も続いていたので、いくらピアノを弾《ひ》くのが好きとはいえ、あすかは内心では、コンクールに出場しているライバルに勝たなければと、必死の思いで弾いていたと思います。

でも、田中先生やセメツキー先生に教えてもらうようになって、コンクールで勝つためのピアノから、自分の心を表現するピアノに変わってきて、ようやくピアノと友だちになったのだと思います。

宮日《みやにち》音楽コンクールでグランプリをとる前までは、正直、あすかに本当に実力があるかどうか、半信半疑でした。

たしかにずっとピアノを弾いてきてそこそこ上手だけれども、手が小さいとか、テクニックがないとかいうことも、前から知っていましたし、本当にモノになるんだろうかと不安があったのです。

ただ、宮日音楽コンクールで演奏したあすかの音楽は、明らかに昔と違っていました。

これからもっともっと、大好きなピアノをきわめていくことが、あすかの生きる力の源《みなもと》になり、救いにもなり、やがてはあの子の自立にもつながっていくのではないか。

そう思ったのです。

それからは、ほかにもいろんなコンクールに出場して、あすかの実力がどれくらいのものなのか、もっと知りたいと思うようになりました。

それで私は、あすかが出ることのできる大会を懸命にさがしては、コンクールへと連れて行ったのです。

成果はあらわれました。

第8回大阪国際音楽コンクールではエスポアール賞、第9回ローゼンストック国際ピアノコンクールでは奨励《しょうれい》賞をいただき、出場するコンクールではほとんど何らかの賞を獲得《かくとく》できるようになりました。あすかも私も、どんどん自信をつけていったのです。

障害を隠しつづけるのか、公表すべきなのか

障害者のための国際的なピアノのコンクールがあるのを知ったのは、２００９年のことでした。このコンクールに参加するということは、あすかが障害者であることを世間に公表することになります。

発達障害と診断されて以来、私たち夫婦は、ご近所はもちろん世間に対してはあすかの障害をずっと隠しつづけてきました。

就職や結婚のことなどを考えると、どうしても葛藤《かっとう》があり、なかなか公表に踏み切ることができずにいたのです。

このままずっと隠しつづけるのか、それとも公表するのか。

私たちはとても悩みました。

しかし、あすかのことをいちばんに考えるならば、むしろ障害を認めてすべてを明らかにして、その上でどうやって生きていくかを模索《もさく》していくことのほうが大事なはずだと思ったのです。

それで、この障害者のためのコンクール出場をいい機会ととらえ、参加することにした

のです。

国際障害者ピアノフェスティバルでもトリプル受賞

２００９年9月30日から10月4日まで、カナダで開催された第2回国際障害者ピアノフェスティバル in バンクーバー（前ピアノパラリンピック）は、4年に1度の国際的なピアノの祭典です。

宮崎県内からはダウン症の男性ピアニストとあすかの2人が出場しました。コンクール前には、東国原英夫《ひがしこくばるひでお》知事（当時）を表敬訪問し、知事からもエールを送っていただきました。

このコンクールでも、あすかは銀メダルを獲得《かくとく》。あわせてオリジナル作品賞と芸術賞もとって、トリプル受賞を成しとげました。

とくに評価が高かったのが、カナダ民謡を自分で編曲した『ふしぎな森の1日』というオリジナル曲でした。

審査員からは、

「舞台の神様が演奏者に乗り移った感じがする」

と過大なまでの評価を受けました。

あすかの高い演奏レベルと表現力が、国際的な大舞台で認められた瞬間でした。審査員からすごい評価を受けたとあすかに伝えると、あすかはこんなことを言ったのです。

「『ふしぎな森の１日』を編曲したとき、頭のなかでは音が鳴ったけど、楽譜《がくふ》にしたら10本の指では弾《ひ》けなくて、11本の指が必要だったの。だから、10本の指で弾けるように直したんだよ」

自分の娘ながら、この子には特別な才能があるのかもしれないと思いました。

知らない人でも、音でなら、コミュニケーションできる

このコンクールのあと、あすかは主に地元のいろいろなコンサートイベントに呼ばれるようになりました。

宮崎市内であった生命保険会社主催のあるコンサートイベントで、あすかが弾《ひ》いていたときのことです。来られていた映像制作会社のカメラマンさんの紹介で、テレビ宮崎の村《むら》上辰之助《かみしんのすけ》ディレクターと知り合いました。

テレビ宮崎制作のドキュメンタリー『こころのおと～あすかのおしゃべりピアノ～』の取材が始まったのはそれからです。

取材は約2年間におよびました。その間に、「24時間テレビ」にも出演させていただきました。

取材では、冒頭で紹介した初めてのソロリサイタルの準備から当日までを、ていねいに追ってくださいました。

つらい思いをしている人たちに「きっといいことがある」と思ってもらえる演奏がしたい。
「今の演奏で大丈夫やった？」

第8章
ありのままの自分でいい

父・福徳

あすか29歳の挑戦

あすかが「ソロリサイタルをやりたい」と言ってきたのは、あすかが宮崎学園短期大学の学生時代に広汎性《こうはんせい》発達障害と診断されてから、10年近くが経《た》ったときのことです。このとき、あすかは29歳になっていました。

友だちのピアニストたちが主催する個人リサイタルに何度か連れて行ったことがあり、「私だって、きっと友だちに負けないくらいの素敵《すてき》なコンサートができる」との思いが次第に募《つの》っていったのでしょう。

すでにいろいろなコンクールで賞をとっていたので、自分の演奏にかなりの自信を持てるようになっていましたし、決して口にはしませんが、どれだけ障害があっても、ピアノだけは誰にも負けないというプライドがあすかのなかには人一倍あったのでしょう。

しかし、私は反対でした。いくらソロリサイタルをしたいと言っても、あすかには、とても無理だと思っていたのです。

ソロリサイタルをやるためには、会場を借りたり、ポスターやチケットをつくったり、それに、たくさんの人たちに来てもらうために、あちこちにあいさつまわりをしなければなりません。障害のために、まわりの人たちとのコミュニケーションが苦手なあすかにとって、とてつもなく困難な挑戦だと思ったからです。

それでもあすかは「どうしてもソロリサイタルをやりたい」と言って聞きませんでした。いくら無理だと言い聞かせても、あすかは、しつこいくらい何度も「挑戦してみたい！」と言い続けるのです。

というのも、そうまでしてソロリサイタルをやりたいというあすかの願いには、私たち親が思いもかけなかったある決意があったのです。

初めて知ったあすかの思い

それを知ったのは、この本を書くためにあすか自身がつづった手紙を読んだときです。そこには、つたない文章ながらも、あすかの思いが素直に書かれていました。

この手紙を読んであすかのピュアな心に触れ、私は胸が詰まりました。ずっと子どもだとばかり思っていたのに、あすかは自分のことより、自分と同じように障害のある人たちのことを考えるようになっていたのです。

あすかの手紙

私と同じような障害のある人たちに、こころが痛みます

私は、高校1年のときと大学2年のとき、そして大学を中退したあと入り直した短大のときの3度、学校をやめなければいけませんでした。

学校に私はじゃまだ、迷惑だといわれました。そのときは、

「なんでわかってくれないの！」

「理解してくれてもいいじゃないか！」

「私が何をしたの！」

そう思って傷つきました。

親も必死で、自分の子どもをやめさせないでほしいと言ったり、もう、本当に傷つきました。親が傷つくのを見て、私も、悲しくて、つらかったです。

でも、今の私は「しょうがなかった」と言えます。

「学校の言い分を冷静に受け入れなかった私も悪かった」

「自分の困った話をしたり、やめさせないでくれというお願いばかりしてしまっていた」

そう反省しています。でも、だからといって、学校側の言い分をぜんぶ受け入れることも、私にはいまだにできません。

そのとき受けた傷は、もとには戻りません。

一度傷ついたものはもとに戻らないのです。だから、これからそんな思いをする人たちがいたとき、こころが痛みます。


私と同じように、障害のある人たちが希望する学校に行けなかったり、行けても、やめないといけなかったりという現実があります。

とても冷たいかもしれませんが、そういうことは、これからもなくならない、と個人的に思うのです。だから、これからそんな思いをする人たちがいたとき、こころが痛みます。

でも私は、「つらいね」と言ってあげることはできますが、応援もこころのなかですごくしているのですけど、何も行動はしません。

私には何もできません。学校に話し合いに行くことも、教育委員会や福祉課にお願いに行くことも、何もできません。

だけど、ひとつだけ私が、心がけていることがあります。

「学校に行かなくても、学校をやめさせられても、自分でできる勉強はある」

それを、ピアノで伝えることです。

私は音楽の勉強が好きですが、学校ではなく、個人の先生とじっくりと取り組んでいます。それは学校をやめないといけなかったからです。

でも、学校をやめてもこうやって、いきいきとピアノを弾《ひ》くことができます。自分で和音やコードの勉強をしました。学校でやる予定だった勉強を本屋さんに行って楽譜《がくふ》屋さんに行って勉強しました。今では、ひとりで作曲をしてみんなに聞いてもらえます。

だから、学校に行く必要があったかさえ、今ではよくわからなくなりました。

つらい思いをしている人たちに「きっといいことがある」と思ってもらえる演奏がしたい

今、学校や職場で障害があることでつらい思いをしている方々に、

「きっとこれから先、いいことが待っている」

そう感じてもらえる演奏をするのが、私の理想です。

私は何もできませんが、でも、あなたのこころに希望は与えられます。言葉ではなくて、

音で、みんなに思いを伝えられて、みんながしあわせになるピアノの音を出せる。そんなピアニストになるのが理想です。

だから、ソロリサイタルをやって、ピアノを聴《き》いてくれる人に、私のこころを伝えたいと思っていました。

言葉ではうまく伝えられなくて、いつもトンチンカンなことを言って笑われたり怒られたりしてしまうけど、ピアノなら正しいコトバで伝えられる気がする。ピアノさんはいつも、私のこころをわかってくれて、私の「こころのおと」を出してくれるから。

言葉では正しく伝えられなくても、私の「こころのおと」を出してくれるピアノなら、自分の気持ちを正しく伝えられる気がします。

みんなから否定されて、私の言うことは誰も聞いてくれないけれど、ピアノならみんな聞いてくれる。

だから、コンクールではなくて、ソロリサイタルをやって、「私はこういう気持ちで生きているの」とピアノで伝えたかったのです。

でも、私にはできないと思っていました。

コンサートの開き方をわかる人が家族にはいなかったからです。やり方もわからなくて、ずっと無理だと思っていました。

お父さんにお願いしても、何度もダメって言われていて……。

でも私、自分の思いを伝えたくて、どうしてもソロリサイタルをやりたかったのです。

コンセプトは「手づくりのあたたかいリサイタル」

みなさんの力でソロリサイタルをやれることになったときはうれしかったです。

リサイタルのパンフレットやチケットは、いつもお世話になっている江南《こうなん》よしみ地域生活支援センターの方々に協力してもらい、自分でデザインしてつくりました。

パンフレットに載《の》せるキャッチフレーズは「手づくりのあたたかいリサイタル」と決めました。

言葉ではなくて、音で、みんなに思いを伝えられて、みんながしあわせになるピアノの音を出せるリサイタルにしたかったたからです。

それに、今、学校や職場で障害があることでつらい思いをしている方々に
「きっとこれから先、いいことが待っている」

そう、感じてもらえるリサイタルにしたくて、「手づくりのあたたかいリサイタル」と

決めたのです。

できあがったポスターとチケットを持って、お世話になっている人や、近所の人たちに「リサイタルに来てください」と熱心に自分でお願いしてまわりました。

本当は、私はこういうことがすごく苦手です。相手が誰だかわからないし、言葉もうまく話せないからです。

だから、「見に来てください」と言おうとして、「見に行きたいでしょう」と言ってしまったり、ポスターを貼ってもらうときに、「お願いします」というつもりが、「お願いしまして」と言ってしまったり……。

それでも負けずに一生懸命がんばりました。

何曲も覚えるのが、泣きたいくらいむずかしかったです

でも、コンクール向きではない、リサイタル向きの演奏の練習は大変でした。

リサイタルでは、たくさんの曲を弾《ひ》かないといけません。

それまで私は、1曲ずつしか練習したことがなかったので、1曲目を弾いて、2曲目の

練習をしだしたら、1、2日くらいで1曲目はすっかり忘れてしまって……。

毎日、1曲目も2曲目も弾くことにしたら、弾くだけでたくさんの時間がすぎていって、3曲目にとりかかれなくなってしまい、泣きそうになりました。

ソロリサイタルをやっているみんなは、すごいと思いました。だってすごく長く弾けるからです。でも、1日1日たくさんの時間をつかって、やっと45分くらい弾けるようになりました。あとの15分くらいは覚えられなくて、楽譜《がくふ》を見ながら弾きました。

リサイタルをやって、初めて自分に自信が持てました

ソロリサイタルの当日。『アルゼンチン舞曲』のなかの2曲目の『粋《いき》な娘の踊り』を弾《ひ》いているとき、ピアノの音がいろんな色になって、水玉みたいにピアノから出てきました。それが、舞台の上にあるライトに向かってふわーっと昇っていったのです。

みんなには見えなかったかもしれませんが、とてもきれいでした。

演奏が終わって、お客さんから「拍手」という相づちをたくさんもらって、「ちゃんと伝えられた」「自己紹介ができた」と、とてもうれしかったです。

リサイタルの最中は、私の「こころ」を見てもらえたと思います。

「聴《き》いてもらった」のではなくて「見てもらえた」と本当に思いました。「いつもニコニコのあすかちゃん」のなかにも、「かなしみ」も「いかり」も「やさしさ」もあるということを見てもらえたと思います。

私の気持ちや性格をさらけ出して、みんなも「わかったよ」って言ってくれた気がしたからです。

お客さんの拍手は「上手だったね」じゃなくて「うん、そうだね」「あすかちゃん、よくわかったよ」というお返事でした。私の「こころのおと」を、ちゃんと受け止めてくれたんだとわかりました。

それで初めて自分に自信が持ててうれしくなって、お返しに私も、自分で拍手してしまいました。

父・福徳

大きな一歩を踏み出したあすか

3回の小休憩をはさみながら、あすかは全6曲を無事、堂々と演奏しました。晴れ舞台を締めくくる『アメージング・グレイス』に耳を澄ませると、あすかが静かに語りかけてくるようでした（本書の付属CD5曲目に収録）。

このソロリサイタルをやりとげることができたことで、自分の音楽を人に聴《き》いてもらうことを自らの喜びとして、糧《かて》として生きていこう、どんなに困難なことがあっても勇気を出して前に進んでいくんだという新たな地平が、あすかの目の前に開けたのではないかと、私は感じたのです。

この日、あすかは大きな一歩を踏み出しました。

私を支えてくれた人たちに、音楽で恩返しをしたいです。やさしい、やわらかい音を、心をこめて……。

第 9 章

手紙～小さいころの私へ～

「手紙～小さいころの私へ～」

作詞・作曲・演奏・歌　野田あすか

あなたはいつも　恐がっているね
みんなに　喜んでもらうために
いつも　がんばっているね
みんなと同じになれるよう　がんばって
くやしい思いを　しているけど
いくらがんばっても
同じになれないこと　感じてる

まわりと違う動きして
いつの間にか　ひとりぼっち
みんなについていこうと
必死にもがいてる

でもね　まわりを　よく見てごらん
あなたを　見守っている人が
こんなにたくさん　いること
あなたに　気づいてほしい

あなたが　まわりとはぐれないよう
ずっと　そばにいてくれて
あなたが　ひとりぼっちに　ならないよう
見守ってくれるよ

みんなと同じになれるよう　がんばって
つらい思いを　しているけど
いくらがまんしても
同じになれないこと　わかってる

まわりを　怒らせてしまう

手紙～小さいころの私へ～

人の目が　気になってきて
みんなが　自分をどう思うか
ビクビクしてる

でもね　まわりを　よく見てごらん
あなたを　見守っている人が
こんなにたくさん　いること
あなたに　気づいてほしい

あなたが　まわりに怒られていても
ずっと味方でいる人
あなたは　あなたのままでいいんだよって　言ってくれるよ

あなたは　ここにいるよ
あなたは　愛されてる

（本書の付属ＣＤ８曲目に収録）

あすかの手紙

そんなに、がんばらなくてもいいんだよ

『手紙～小さいころの私へ～』という曲は、私がもし子どもの頃の自分に手紙を書くとしたら、という思いで作詞作曲した曲です（本書の付属CD8曲目に収録）。

私は子どもの頃、みんなと同じことができないつらさから、嘘《うそ》をついて自分を傷つけたり、人を傷つけたりしてしまっていました。

この曲を弾《ひ》き語りしていると、あの頃の私に、「大丈夫、そんなにがんばらなくてもいいんだよ」と言ってもらっている気がします。

ソロリサイタルが、私に前に出る勇気をくれました。

ソロリサイタルをやって、たくさんのお客さんに、私のいろんなこころを見てもらって、今までより少しだけ、人の輪のなかに入ることができるようになりました。

初めての人と話すのはむずかしいけれど、初めてのお客さんには、ピアノで言葉が伝えられる。そういう自信が持てるようになったのです。

少しずつ、前だったらすぐにあきらめていたことにチャレンジできるようになってきました。

「どうせ、私なんか」ということもなくなってきました。

何かをしてみないかというお話があったら、

「できるかもしれない。やってみよう」

そう前向きになれるようになれたのです。

父・福徳

ピアノ教室の先生を始めました

ソロリサイタルのあと、あすかは自宅で子どもたちにピアノの個人レッスンを始め、今でも続いています。

あすかはオリジナルの教材を独自に考えてつくったり、子どもや保護者が喜んでくれるよう、一生懸命考えてレッスンをするので、一度あすかのレッスンを受けると、「あすか先生じゃなきゃだめ」と離れない子が多いのです。

ほかの先生についていたときには片手でしか弾《ひ》けなかった生徒さんが、ものの1~2回のレッスンで、両手を使って弾けるようになったりもします。

親御《おやご》さんからは「教え方が上手」「子どもがすごく楽しそうにピアノを弾くようになった」などと言われます。

年に1度、うちに来ている生徒さんたちの発表会もやっています。

以前は会館のホールを借りたりしていたのですが、最近は家でやるようになりました。

そのときは保護者の親御さんたちにも参加してもらい、子どもの発表を聴《き》いてもらっています。

あすかは1年分の月謝を全部つぎこんで、メダルや賞状を自分でつくり、努力した子には「がんばったで賞」とか、いろいろな賞を自分で考えてあげています。

母の日や父の日には、

「これをお母さん（お父さん）にプレゼントしてね。当日まで絶対内緒だからね」

と言って、子どもたちの演奏を録音したＣＤに焼いて渡します。

とにかく凝《こ》っていて、ＣＤにはちゃんと子どもの写真や、「お母さん（お父さん）ありがとう」と書かれた文字なども印刷します。イベントが近づくと家ではそういったものを精力的につくっています。

生徒さんがこの1年、こんな課題曲に取り組み、どれだけ弾けるようになったかというＣＤなのですが、もらった親御さんたちはすごく喜んでくれています。

あすかの手紙

「お母さんが口出ししない日」をつくりました

生徒さんのなかには、昔の私みたいに、「お母さんがすごく厳《きび》しくて、よく叱られる」という子もいます。

どうしたら子どもも親も楽しくピアノに取り組んでもらえるかなと、私なりにいろいろ考えました。それで思いついたのが、「お母さんが口出ししない日」をつくることでした。

その子のお母さんには、

「この日は、お母さんは何があっても口出ししないでください。お子さんが自分で弾《ひ》いたら、それだけで花丸をつけてあげてくださいね」

そんなお願いの手紙を書きました。

でも、お母さんはどうしても口出しもしたいでしょう。そこで、「お母さんと一緒にちゃんとやる日」もつくりました。

「その日は、私がつくった練習用のCDを聴《き》きながら、一緒に練習してもらって、お子さんがちゃんとできたら、ぎゅっと抱きしめてあげてくださいね」

と書きました。

まもなくして、ある子が「お母さんから叱られなくなった」と言ってきたのです。自分のことのようにうれしくなって、「お母さんが口出ししない日」をつくったのは成功だったと思いました。

子どもたちが「こころのおと」を出せるようにしてあげたい

母の日とかに、演奏のＣＤをプレゼントするのもいろんな意味があります。

「こんなに上手になったんだよって、お母さんをびっくりさせてあげようよ」

子どもたちにそう言うと、子どももがんばるからです。

それに、「じゃあ、この日にレコーディングするから、それまでにこの曲を完成させようね」と目標を持つことができます。

だらだらと練習するより、こういう目標があったほうが、みんなはりきるからです。

小さい子に１００円を渡して、「これでお母さんにプレゼントを買ってあげなさいね」と言うより、私はピアノの先生だから、ピアノを弾《ひ》かせて、それを録音してあげて、ＣＤもかわいく、絵とかメッセージとかを描いてあげて、「これをお母さんのために弾いたよ。

いつもありがとう」と言ってね、と渡すのです。

でも、私が当日まで絶対にだまっていてよと口止めしても、小さい子はうれしくて、ついつい言ってしまいます。

「お母さん、母の日のプレゼント、あるかもしれないよ」

私が、黙っていてねと言ったのにと言うと、「CDとは言ってないも一ん」と言い返されたりすることもありますが、おかげさまで、親御《おやご》さんからは、感激のメールがどさどさと届きました。

でも、録音のときは「たとえ間違えても一発録《ど》りだからね」と言います。録音していると、間違って「もう一回弾かせて！」という子もいるのですが、私はこう言っています。

「いや、その間違えた感じがまたいいよ」

間違えずに弾くことも大切ですが、それよりも、自分の「こころのおと」を出せるようになるほうがずっと大切だと思うからです。

生徒たちにピアノを弾《ひ》く楽しさを教えたい

小学校のときにコンクールに出て入賞とかしている子は、だいたい先生が曲の雰囲気《ふんいき》などを細かく教えてそのとおりに弾いている器用《きよう》な子が多いように思います。

小さいときは曲想などを考えるのはむずかしいから、先生に教えてもらうのは当たり前だと思うのですが、私は、「どう弾きたい？」と聞いて、できるだけその子に考えさせるようにしているのです。私はこう思うけど、あなたはどうしてそう弾きたいのかなと言って考えさせます。

最初は意味がなかったりするけれど、そう聞きつづけているうちに、子どもたちも自分で考えながら、私にもきちんと理由を言えるようになります。

幼稚園や小学生のときに、先生に教えてもらった表現どおりに弾けて、コンクールで1位になって喜んでいる子どもたちがいます。がんばったことはすごいと思います。でも、大人になったとき、この子たちは自分の力でその曲の曲想を感じたり考えたりできるようになるのかなと思うのです。だから、私は間違えていても子どもたちの意見をよく聞くようにしているのです。ときどき、こちらが妙に納得する意見を言ってくる子もいます。

実際、そうすることは、なんでもきちんと教えてしまうより時間がかかり、子どもたちの上達もゆっくりです。でも私はテクニックが「上手」なことより、表現のしかたを知ってもらいたいです。

生徒たちは私の自慢です

私が小さい頃、一緒にピアノを勉強していたとても優秀な人たちがどんどんやめていってしまいました。あんなに先生からはほめられていたのに、どうしてやめたのだろうとずっと思っていました。

それで、楽しくなかったからなんじゃないかと思ったのです。だから私は、子どもたちにはピアノを弾《ひ》く楽しさをもっと伝えていきたいと思うのです。

生徒たちは、私の自慢です。

みんな音楽が大好きで、吹奏楽部《すいそうがくぶ》の部長さんになったり、学校の伴奏賞をとったりする子もいれば、音楽が大好きで、「楽譜《がくふ》は読めないけど、弾きたい曲がいっぱいある」という子もいます。

なにより、みんなが仲が良くて、私の面倒をよくみてくれるのです。

生徒のなかには、私と同じ発達障害の子もいます。

「障害があるのに」とか、「障害があるからがんばらない」とか、そういう障害があることをできない言い訳にする子には、めちゃ厳《きび》しくしてしまいます。

できるかもしれないことを、障害だからといってあきらめたり、挑戦しないのは、もったいない!!

そう思うからです。

父・福徳

自分と同じ障害のある生徒には厳《きび》しいあすか

生徒のなかには、あすかと同じように発達障害と診断されたお子さんも何人かいます。

あすかが言うには、そういうお子さんのなかには、「ぼくは（わたしは）発達障害だからできない」と言って、挑戦する前からあきらめたり、「発達障害なんだから、ああしてよ、こうしてよ」とわがままを言ったりする場合がたまにあるそうです。

発達障害であることを理由に、あれができない、これができないと言ってあきらめたり、わがままをいう子に対して、あの子はとても厳しいのです。

あすかの場合、障害があるとは気づかず、妻が小さい頃から自分で何でもできる子にしようと一生懸命厳しく指導してきました。

もちろん早く気づければよかったのですけれども、他方、「障害に気づかなかったから、できるようになったこと」もおそらくたくさんあったと私は思うのです。

小さい頃から、「あなたは障害があるからこれはできない」とか、「自分は障害者だからこうしてもらって当然」とか、そういうふうな考え方になってしまうのは、私もおかしいと思います。

あすかは、そういう子たちに、優《やさ》しく、ときには厳しく、一生懸命向き合っています。

ピアノだけではなく、クラスの子とうまくいかないとか、いじめられたとか、そういった相談にものり、よく話を聞いてあげたりしています。

たとえば、「席がえするときに、なんであんなにクラスのみんなは喜ぶの？」とか「女の子たちはなんで3人くらいで一緒にトイレに行くの？」とか。

そういう疑問を持っている子がけっこう多いのですが、あすかも同じように思っていたそうです。

また、なかにはあすかに、発達障害の子の育て方などについてアドバイスを求めてくるお母さんもおられます。

明確な答えがあるわけではないのですが、同じ発達障害に悩む子どもたちに寄り添ってあげることは、あすかだからこそできることだと私は思っています。

あすかの手紙

私のピアノでお年寄りが急に歌い出しました

ピアノ教室で忙しくしていたとき、市内にある特別擁護《とくべつようご》老人ホームからピアノを演奏してくれませんかというお話をいただきました。

でもホームの人から、入所しているお年寄りたちは、みんなつらい思いをしていて元気がなく、私がピアノを弾《ひ》いても受け止めてくれるか、反応があるかどうかわからないと言われていました。

それで、ちょっと不安だったのですが、お年寄りがほっとしてくれそうな曲を選ぶことにしたのです。お父さんとも相談して、クラシックの曲のほかに、ほとんどのお年寄りが知っている美空ひばりさんの曲『愛燦燦《あいさんさん》』（本書の付属CD6曲目に収録）と『川の流れのように』を弾くことにしました。どちらもお父さんが好きな曲でもあります。

最初は、お年寄りの人たちが私の音を聴《き》いてくれるかどうかわからなくて、少し緊張していました。

でも、『川の流れのように』を弾き出したら、会場にいたひとりのおばあちゃんが、私のピアノに合わせて急に歌いはじめたのです。それにつられて、ふだんはほとんど無反応で無口で黙っていると聞いていたお年寄りたちが、口ずさみはじめました。

ピアノでみんなにほっとしてもらいたいです

「あっ、私のこころが伝わった！」

ピアノを弾《ひ》きながら、私も感動して涙がぽろぽろとこぼれてきました。

みんな、元気になってくださいという私の気持ちがちゃんと届いて、お年寄りたちを少しだけ元気にすることができた。

ピアノって、なんて素敵《すてき》なんでしょう。弾き終わるとお年寄りたちがたくさん拍手をしてくれました。

私も、「ありがとう！」と拍手をしました。うれしくて涙と笑いの泣き笑いの顔になりました。

あとで、「こういうことは本当にめずらしい」とセンターの人に言われて、こんな私でも少しはお年寄りのみなさんの役に立てたと思って、本当にうれしかったです。

ステージは、練習の成果を発表する場ではなくて、次の目標を見つける場と思えるようになれました。それからです。ひとつひとつのステージがキラキラとかがやいて見えるようになったのは。

このステージで弾いたら、私はまたひとつ「ありがとう」を伝えられる。ひとつひとつのステージが「はじまり」だと思って、「成長」だと思って、ピアノとお話ししたい。

これからの目標は、少しずつ人前に出て、ピアノでみんなにほっとしてもらうことです。

父・福徳

「こころのおと～あすかのおしゃべりピアノ～」

あすかのことを2年間にわたって追いかけたテレビ宮崎のドキュメンタリー番組『こころのおと～あすかのおしゃべりピアノ～』が九州で放映されたのは、ソロリサイタルの1年後の2012年5月でした。

その後、年末にこの番組は、フジテレビ系列28局が1作品ずつ出品する「第21回FNSドキュメンタリー大賞」でグランプリを受賞して全国放送されたので、ご覧になった方もおられるかもしれません。

55分間のこの番組は、前述したソロリサイタル、あすかが子どもたちに教えているようすなどを克明に記録したドキュメンタリーです。

あすかが、音声さんの持っていた取材用マイクの表面についているふわふわのカバーに興味を示したとき、村上ディレクターがこう言います。

「ふわふわを、ピアノであらわしてみて！」

すると、あすかが即興《そっきょう》で10秒くらいの『ふわふわ』を弾《ひ》きます（本書の付属ＣＤ２曲目に収録）。そんな印象的なシーンもあり、反響は大きかったようです。

番組によって発達障害への理解が深まったからでしょう。あすかのことをずっと「変な子」と敬遠していたかもしれなかった人たちが、放送後「あすかちゃん、あすかちゃん」と笑顔で手を振ってくれるようになりました。

村上ディレクターはじめ、番組スタッフには感謝しています。

これからというときにまた、解離《かいり》の発作が……

ソロリサイタルをきっかけにして、あすかは見違えるように、子どもたちに前向きにピアノを教えることに取り組んでいました。

しかし、やっとここまできた、とほっと安心していた矢先、あすかはまた解離の発作を起こして自傷《じしょう》してしまい、ケガを治すために入院しなければならなくなってしまったのです。

あすかが負った障害は、決してなまやさしいものではないと、改めて気づかされました。

今回の入院は、思いのほか長引きました。治療が難《むずか》しく、何度も手術をしなければなりませんでした。そのために半年近くも入院しました。

入院中、あすかは、しばしばパニックを起こして看護師さんや先生、それに病院の関係者の方たちに迷惑をかけてしまいました。

でもあすかは、自分が背負った障害と必死に闘《たたか》っています。

そんなあすかの姿を前にすると、私も気持ちが奮《ふる》い立ちます。

私たち親が先に死んでも、あすかがひとりでちゃんと自立して生きていけるようになってほしい。それだけが今の私たちの願いです。

そのために、精一杯、あすかを支えていこうと、日々、決意をあらたにしています。

あすかの手紙

私を支えてくれた人たちに、音楽で恩返しをしたいです

今回の入院は、半年間とすごく長い入院だったけど、いろいろと修行しました。いろんな気持ちを持ったし、いろんなできごともあったし、涙もたくさん流した入院でした。その気持ちをこれから、きちんと音楽にこめて、成長できるようにがんばります。

今回の入院で、たくさんの方に迷惑をおかけしました。

もう、同じようにならないように、自分を大切にしながら、音楽で恩返しができるよう、がんばります。

「変わらないもの」に、今も頼っています

入院中、ずっと会えなかった主治医の先生に半年以上ぶりに会いに行きました。

もちろん、入院中もその病院にいた精神科の先生にお世話になっていたのですが、やはり10年以上もお世話になっているいつもの先生に会うと、ほっとします。

とはいっても、態度に出すのは苦手なので、いつもどおり、診察室のベッドの下に入って、お父さんと先生の話す声を聞いてるだけなのですが……。

それでも、いつもと一緒の先生の足音、一緒の話し声の音域、テンポ……それが私を安心させてくれました。

先生からひとつか、二つ質問されるけど、だいたい、私は音楽として聞いているから、質問の意味はわかりませんでした。

だから、私の返事はいつもどおり「はーい」です。

人の話を「理解しよう」と思って集中して聞いていたら答えられるのですが、私にとっては、「話し声」は音楽です。

話の内容はわかりませんが、その音楽に耳を澄まします。

やっぱりいつもどおりがいちばんいい……。

いつも変わらないものが、私を安心させてくれます。

ピアノがないと、どうしていいかわからなくなります

退院したあと、たくさん仲良しになってくれたボランティアさんたちが「風船バレー大会」を企画しました。仲が良い人たちも出る予定で、私もそれに出るのを楽しみにしていたのです。でも、出ませんでした。


私は風船バレーに参加している自分をイメージしていました。

そしたら、あることに気がついたのです。

「ピアノがない」

ピアノがない場所に行くのは、不安なのです。

私はピアノがあるところでは、「みんなと一緒に何かをする」ことはできるのですが、ピアノがないところでは、「ここ、どこ?」と自分がどこにいるのかわからなくなります。

それで、わけがわからなくなって、だいたい、泣いてしまうのです。

そして、逃げます……。

「ピアノがない」

ただ、そのことが、たまらなく、がまんできないのです。

私はピアノを教えている先生なのに、ピアノから離れると、一気に子どもより子どもになってしまうのです。

今でもそんな私ですが、それでも、ピアノがあれば自分にも何かできることがあると思っています。

母・恭子

愛するあすかへ

テレビ宮崎のドキュメンタリーを見たとき、正直、びっくりしました。

番組のなかで、あすかがひとりで道を歩いているシーンがあって、あすかは目的の場所へ行くとき、草の枝葉をちぎって目印を道ばたに結びつけたり、興味のあるものを見つけると、すぐに近づいてしまったりしていました。

方向音痴《おんち》なのは知っていたのですが、ひとりで外を歩くとき、そんなふうにしていたことをまったく知らなかったからです。

小さい頃からあすかとずっと一緒に過ごしてきて、いちばん近くにいたのに、あすかのことを実は何も知らなかったのではないか……。

あの番組を見て、そう思いました。

あすかのことを、私はずっと、感性豊かで、すごくユニークな子と思っていました。ピアノもすごく上手になったし、言われたことをきっちりと守る立派な子だったし、私はそんなあの子を見ていて、いつも誇らしい気持ちでした。

でも、あすかのことを思うあまり、「なんでできないの?」「どうしてそんなことするの?」と厳《きび》しく叱ったこともありました。

だけど、あすかが本当はどうしてほしかったのか、何に苦しんでいたのか、母親の私がもっと知る努力をしていたらよかったのかもしれないとの思いが、心のなかをかけめぐります。

仕事をやめて、もっとあすかに寄り添ってあげればよかったかもしれません。私は、仕事も家事も、どちらも完璧《かんぺき》にこなせる、いや、しなければいけないんだと思いこんでいました。

発達障害にもっと早く気づいてあげられていたら、あすかの人生はまるで変わっていたと思います。

もし、もっと早く気づけていたら、ふつうの子と同じクラスではなく、特別支援学級《とくべつしえんがっきゅう》で障害を克服していくためのいろいろな訓練を積んだりすることもできたはずでした。

そうすれば、人間関係のストレスに悩むこともなく、二次障害に苦しむことも、自傷《じしょう》行為《こうい》を繰り返すことも、入退院を繰り返すこともなく、今とはまったく違う人生を生きていたかもしれません……。

あすかが入院したとき、周囲からあまりにも「お母さんの愛情不足が原因でこうなったんだ」と責められましたから、申し訳ない気持ちでいっぱいになって、あすかのお見舞いにも次第に行けなくなってしまいました。

でも、これだけはわかってほしいのです。

あすかは私にとって、いちばん大切な宝ものです。

これからも、あすかにしか演奏できない素敵《すてき》な音色を奏《かな》でて、聴《き》く人たちを元気に、笑顔にしてもらいたい。そして、あすかには、しあわせな人生を歩んでいってほしい。いつも、そう願ってあすかを応援しています。

あすかの手紙

私はあきらめない

お父さんやお母さんや田中幸子《さちこ》先生が、

「あすかを育ててよかった」

「いろいろあったけど、それはそれでいい」

そう思える、こころのこもったピアノの音を出して、「ありがとう」と伝えたいです。


私の目標は、ピアノで自立してお父さんを安心させてあげることです。

お父さんは、いつも私のためにがんばってくれている。

いつか、お父さんのためにピアノを弾《ひ》いて「ありがとう」を伝えたい。


お母さんは私に厳《きび》しかったから、今でもあまり良くは思っていません。でも、お母さんに「ありがとう」という気持ちがないわけではないんです。

お父さんと方法は違っても、私にピアノを習わせてくれたこと、厳しくしてくれたことは、今の私につながっていると思っています。私に厳しくしたことのぜんぶが悪かったわけではないと、今の私はちゃんと知っています。


田中先生には、やわらかい音をプレゼントしたいです。

やわらかい音は、私は出すのがむずかしいけど、出せたときは、キラキラしています。

だから、私の出すやわらかい音を、先生にいっぱい、いっぱいプレゼントしたいです。

先生は私を見守ってくれます。

いろいろ入りこんでくるわけではなく、私のピアノが間違ったほうに進んでいるとき、教えてくれます。

自分が子どもたちにピアノを教える先生になってみて、田中先生がどれだけすごいかもわかってきました。

「ただ見守る」ということは、すごく根気がいることもわかりました。

きっと、先生は私にイライラすることもあるだろうけど、「自分で見つけ出しなさい」と、私が自分で音を見つけるのを、待ってくれているのです。

私が見つけた音は、私にしかわからない素敵《すてき》な音だから。

いつか、先生にはふっわふわのキッラキラの音を、ぜったいプレゼントしたいです。

自分にはできないこともあるかもしれません。でも、ひとつでもできることがあるなら、チャレンジして、思いっきり失敗するのもいい。ピアノがそう私に教えてくれました。

子どもたちにピアノを教えるお仕事はむずかしいけれど、自分のなかで精一杯がんばって、思いっきり失敗しても、私らしくやればいい。

だから、私はあきらめない！


最後に、ピアノさんありがとう。私に私のこころをいつも教えてくれてありがとう。

ピアノさんは私の知らない私のことも、音色《おんしょく》で教えてくれるね。

そのおかげで、いろんなことがわかるようになったよ。

ピアノさんがいるから私がいる。

あとがき

父・福徳　母・恭子

ここまで、私たち家族に起きたことを、できるだけ正直にお話しをしてきました。しかし、まだまだ、この物語はこれからも続いていきます。あすかには私たちよりもはるかに長い人生が待ちかまえています。その物語が、できるだけたくさんのしあわせに彩られていることを望んでやみません。

あすかの『手紙~小さいころの私へ~』は過去の自分をふり返った曲でした。今、あすかは、みなさんにピアノを聴《き》いていただく機会が増えて、少しずつ前向きに未来のことを想像できるようになってきました。

最後にあすかが書いた「10年後の私へ」という手紙で、ここまでの物語を締めさせていただきます。これまであすかを支えてくださった方、応援してくださった皆様に感謝いたします。あすかのピアノを愛してくださる皆様に、しあわせが訪れますように。皆様に喜んでいただくことで、あすかにもしあわせが訪れますように。

最後までお読みいただき、ありがとうございました。

あすかの手紙

10年後の私へ

あなたは、おだやかに生活できていますか？

人のことを信じられるようになりましたか？

自分をせめたりせずに、毎日すごせていますか？


今の私は、まわりにたくさん自分を理解しようとしてくれる人を見つけられるようになりました。

こころはまだ許せないけれど、少しずつ自分のこころを人に見せてもはずかしくないと思えるようになりました。

まだまだすぐ、自分はダメだって思ってしまうけれど、もしかしたら自分にも何かできるかもしれないって思えるようになりました。


今はまだ自分のことに必死で、人のために何かをするということはできていません。

だけどいつか今までたくさんの愛情を私に送ってくれた人たちに、ありがとうって伝えられるようになりたいです。


あなたは、ありがとうって伝えられるようになっていますか？

あなたは、みんなのココロがしあわせになれるような、ピアノの音が出せるようになっていますか？


小さなしあわせをもらったとき、私はすぐにありがとうって言いたいけど、なかなかまだ言えません。

大きなしあわせをもらったときは、私はビックリして、ありがとうって言うのを忘れてしまいます。

今はまだしあわせを、たくさんもらってばかりの私です。

10年後の私は、みんなにしあわせをたくさん伝えられる人になっているでしょうか。

みんなが私のピアノを聴《き》いて、ただそれだけでしあわせになってくれるようなピアノが弾《ひ》けるようになっているでしょうか。
今はなかなか伝えられないけど、私は今の私のまわりの人たちがとっても大好きです。
私のまわりの人たちが10年後も、しあわせでありますように。
私のピアノでもっと、しあわせを感じてくれていますように。

野田あすか

野田あすか　のだ・あすか

宮崎県在住の発達障害を抱えるピアニスト。

1982年生まれ。4歳の頃より音楽教室に通い始め、ピアニストの道を志すようになる。

子どもの頃から人とのコミュニケーションがうまくとれず、たびたび特異な行動をとり、それが原因でいじめを受け、自傷行為が始まり、転校を余儀なくされる。

憧れであった宮崎大学に入学するも、人間関係によるストレスで過呼吸発作を起こし、たびたび倒れて入退院を繰り返し、大学を中退。家族や周囲の人は困り、悩まされたが、あすか本人も「どうして、まわりの人とうまくいかないの？」と悩みつづけた。

その後、宮崎学園短期大学音楽科の長期履修生となる。この頃に恩師となる田中幸子先生と出会い、自分の心をピアノで表現することができるようになる。

短期留学したウィーンでも倒れ、22歳で初めて生まれつきの脳の障害である「発達障害」と診断された。帰国後、パニックで自宅2階から飛び降りて、右足を粉砕骨折し、ピアノのペダルを踏めなくなるが、現在では、工夫して左足で踏んでいる。

たくさんの苦しみを抱え、自分の障害と向き合ってきたことで、あすかの奏でる「やさしいピアノ」は多くの人の感動をよんでいる。


2006年、第12回宮日音楽コンクールでグランプリ並びに全日空ヨーロッパ賞を受賞。ほか受賞歴多数。

2015年、あすか誕生からの33年間を両親と共につづった『CDブック 発達障害のピアニストからの手紙　どうして、まわりとうまくいかないの？』（野田あすか、野田福徳・恭子著、アスコム刊）を上梓。同時に発達障害の人の気持ちを歌った自作曲「手紙～小さいころの私へ～」「生きるためのメロディ」を発表し、付属ＣＤに収録した。

2016年、自作曲10曲を収録したCDブック第2弾『脳科学者が選んだ　やさしい気持ちになりたい時に聞く 心がホッとするＣＤブック』（野田あすか音楽、中野信子著、アスコム刊）を出版。

同年、東京・銀座の王子ホールでリサイタルを開き、プロのピアニストとしてデビュー。2017年、東京・築地の浜離宮朝日ホールをはじめ、大阪、宮崎などでもリサイタルを開催し、完売・満席の大好評を博す。今後の活動が注目されているピアニストである。

2017年、岩谷時子賞奨励賞を受賞。

公式サイト　http://www.nodaasuka.com

CD ブック

発達障害のピアニストからの手紙

どうして、まわりとうまくいかないの?

発行日　2015 年 5 月 31 日　第 1 刷
発行日　2017 年 8 月 2 日　第 7 刷

著者　野田あすか　野田福徳・恭子

本書プロジェクトチーム
企画・編集統括　高橋克佳
編集担当　高橋克佳、斎藤和佳
アーティストマネジメント　斎藤和佳
デザイン　菊池崇＋櫻井淳志（ドットスタジオ）
撮影　塔下智士
イラスト　西内としお
編集協力　上之二郎、西松宏、澤近朋子

CD 録音・制作　株式会社 AVC 放送開発（杉田智史、鈴木英樹、甫木元隆司）
CD 録音　宮崎県立芸術劇場 アイザックスターンホール

Special Thanks　田中幸子
公益財団法人 宮崎県立芸術劇場
村上辰之助（株式会社テレビ宮崎）、鶴園誠司（映像畑）、
魚住忠宏（株式会社テレビ宮崎）

営業総括　丸山敏生
営業担当　熊切絵理
営業　増尾友裕、石井耕平、伊藤玲奈、戸田友里恵、甲斐萌里、大原桂子、
綱脇愛、川西花苗、寺内未来子、櫻井恵子、吉村寿美子、田邊曜子、
矢橋寛子、大村かおり、高垣真美、高垣知子、柏原由美、菊山清佳
プロモーション　山田美恵、浦野稚加
編集　柿内尚文、小林英史、舘瑞恵、栗田亘、辺土名悟、奈良岡崇子、村上芳子、
加藤紳一郎、中村悟志、及川和彦
編集総務　千田真由、髙山紗耶子、高橋美幸
講演・マネジメント事業　斎藤和佳、高間裕子
メディア開発　池田剛
マネジメント　坂下毅
発行人　高橋克佳

発行所　株式会社アスコム

〒105-0003　東京都港区西新橋 2-23-1　3東洋海事ビル
編集部　TEL：03-5425-6627　営業部　TEL：03-5425-6626　FAX：03-5425-6770

印刷・製本　株式会社光邦

Printed in Japan ISBN 978-4-7762-0875-4